AF260413

SOUSCRIPTION POLONAISE

ET PASSAGE

DES POLONAIS

A CHALON-SUR-SAONE,

EN 1831 ET 1832,

RÉMINISCENCES HISTORIQUES, ANECDOTIQUES, POLITIQUES,
ORATOIRES ET POÉTIQUES,

PAR UN *CONTEMPORAIN.*

« Un jour, la justice divine aura son
« cours..... Le tourbillon populaire finira
« par faire justice de toutes les iniquités »

(M. D'HARCOURT, *Chambre des
Pairs*, 20 mars 1846.)

« La France en vain rêve ta délivrance ;
« Pour te défendre, elle voudrait s'armer !
« Elle voudrait... Qu'a-t-on fait de la France ?
« Elle ne peut que te plaindre et t'aimer !... »

LOUISE COLET.

CHALON-S.S.

1846.

SOUSCRIPTION POLONAISE
ET PASSAGE DES POLONAIS
A CHALON-S.-S., EN 1831 ET 1832.

> « Un jour, la justice divine aura son
> « cours..... Le tourbillon populaire finira
> « par faire justice de toutes les iniquités »
>
> (M. D'HARCOURT, *Chambre des
> Pairs*, 20 mars 1846.)

> « La France en vain rêve ta délivrance ;
> « Pour te défendre, elle voudrait s'armer !
> « Elle voudrait... Qu'a-t-on fait de la France ?
> « Elle ne peut que te plaindre et t'aimer !... »
>
> LOUISE COLET.

I.

PRÉAMBULE.

Agrément de l'Histoire locale contemporaine.

—

C'est une étude fort attrayante que celle des Chroni-
ques de localités. Cette étude est surtout féconde en le-
çons de philosophie, lorsqu'elle se rapporte à des évè-
nements qu'on a pu suivre pendant une vie d'homme,
et qui constatent avec une évidence palpable et désespé-

rante les singulières variations de l'esprit humain ou les phases successives des intérêts matériels.

Nous avons pensé que nos concitoyens nous sauraient gré de leur donner cette petite page de notre histoire contemporaine, relative au mouvement de l'opinion publique lors de la première insurrection polonaise de 1831. C'est une pièce de comparaison curieuse avec le même mouvement causé par la nouvelle insurrection de 1846.

Nous laisserons à nos lecteurs le soin de faire tous les rapprochements qui leur conviendront; nous nous contenterons d'exposer fidèlement les faits et les noms de cette époque. — On trouvera sans doute, quant aux noms propres, que beaucoup brillent aujourd'hui par leur absence, qui figuraient alors glorieusement sur les tables civiques... — Hélas! depuis quinze années, en effet, nous avons perdu bien des amis... la mort et les revirements politiques, plus cruels encore que la mort, ont fait de larges brèches dans les rangs. Eh bien! cette brochure servira d'oraison funèbre aux absents. — C'est bien quelque chose.

II.

La Pologne, les Rois et les Peuples.

—

La nouvelle de l'insurrection polonaise, arrivée peu de temps après la révolution de juillet, causa en France un enthousiasme d'autant plus vif, que l'enthousiasme de notre glorieuse révolution était encore dans toute sa vigueur.

On saluait, dans cette sainte insurrection des Français du Nord, l'aurore de la liberté des peuples. Personne ne se dissimulait qu'en secouant le joug moscovite, dans un moment où les despotes du Nord menaçaient de se ruer sur la France révolutionnaire, au profit de la légitimité, la Pologne nous avait fait un rempart de son corps comme elle l'avait déjà fait vingt fois pour l'Europe entière contre les invasions des Tartares. Les esprits largement politiques entrevoyaient, dans le rétablissement de la nationalité polonaise, plus que la sanction d'un droit imprescriptible, plus qu'un arrêt de la justice éternelle, mais encore une nouvelle combinaison politique européenne qui, en détruisant l'influence aristocratique des czars sur les peuples allemands, balançait la puissance du despotisme, développait l'essor de la liberté des peuples germaniques, garantissait leur indépendance et assurait à la France, unie à l'Allemagne émancipée, un brillant avenir de paix, de prospérité et de civilisation. La Prusse et l'Autriche, en perdant une province, se trouvaient soustraites à l'attouchement dévorant de la Russie, et gagnaient en sécurité et en force ce qu'elles perdaient en étendue. Les races, groupées par la nationalité et les alliances, se confondaient dans une communion générale.

Le despotisme restait refoulé chez les barbares où son action peut encore être momentanément civilisatrice. Enfin, on aimait à se persuader que le gouvernement issu des barricades, comprendrait sa mission providentielle, et qu'il ne laisserait pas écraser l'arme au bras, ce peuple de braves dont le sang s'était mêlé au nôtre sur tous nos champs de batailles, et coulait encore pour notre salut.

Chalon, la cité patriotique par excellence, à cette époque où toutes les classes, à l'exception de l'imperceptible minorité des légitimistes, étaient encore unies par le sentiment révolutionnaire, Chalon avait partagé toutes les joies et toutes les espérances des amis de la Pologne; elle suivait avec une sollicitude fraternelle les progrès de l'héroïque nation, elle faisait des vœux ardents pour que nos hommes d'état pussent sentir couler le sang dans leurs veines paralysées, et pour qu'ils eussent le courage de profiter de cette occasion de ressaisir l'influence fécondatrice de la France.

Vain espoir! hélas! toutes les illusions généreuses durent bientôt s'évanouir devant la plus déplorable réalité. La Pologne, dans sa détresse, ne fut secourue ni protégée par aucun roi!........ Il ne resta plus qu'à gémir sur le sort prochain de cette nation infortunée, et on put prévoir, dès lors, que les hordes barbares ne tarderaient pas à l'envahir et qu'elle serait bientôt étouffée sous le sceptre sanglant du plus implacable des tyrans. — Tous les partis furent unanimes pour flétrir cet infâme abandon, précurseur de cette infâme paix *à tout prix*, qui restera comme le plus honteux stigmate du gouvernement du juste-milieu.

Le Patriote de Saône-et-Loire, fondé récemment à Chalon-S.S., était bien l'écho de la France, quand il s'écriait douloureusement alors, le 10 septembre 1831 : « Oh! si de nouvelles ré-
« volutions viennent un jour à heurter aux
« portes de ces palais somptueux, où s'en-
« dorment, au sein des jouissances, ces mo-
« narques si indifférents au sort des nations
« dont ils devraient faire le bonheur; disons-le
« sans détour, il est à craindre que ces peuples
« n'aient nulle pitié de ceux qui n'ont point eu
« pitié d'eux... »   **J. D.**

Mais, si les rois avaient failli à la plus sainte des causes, les peuples lui étaient restés fidèles et la plaidaient à leur manière, soit par la presse, soit par l'indignation manifestée partout où battait un cœur d'homme, soit par des souscriptions organisées sur tous les points de la France, pour recueillir les offrandes des citoyens, faire passer des secours aux insurgés et préparer des ressources à ceux que le hasard des batailles jetterait en exil.

III.

Comité Polonais Chalonnais.

—

Le *Bazar-Polonais* de Lyon venait de faire un appel généreux aux départements circonvoisins, Chalon-S.S. y répondit avec empressement, et organisa un comité composé des plus notables patriotes de cette époque.

Voici les noms de ces citoyens pleins d'un noble zèle démocratique :

L. Chevreau, avocat, président ;
Mathey, notaire, trésorier ;
Grassot, notaire ;
Desarbres, chevalier de la Légion d'honneur ;
Pugeault, avoué ;
Chaffotte, notaire ;
Delangle, avoué ;
Aug. Thevenin, avocat, secrétaire.

IV.

Appel du Comité en faveur des Polonais.

—

Le premier acte de ce comité fut cet énergique appel en faveur des Polonais, publié dans *le Patriote de Saône-et-Loire* du 17 septembre 1831, N° 50.

« CITOYENS DE CHALON-SUR-SAÔNE ET DE L'ARRONDISSEMENT,

« L'héroïsme polonais lutte encore contre la férocité moscovite; seule contre un empire vingt fois grand comme elle, la Pologne nous offre l'exemple de ce que peut un peuple défendant son indépendance.

« Si nous pouvions cesser d'admirer son indomptable courage, la reconnaissance nous rappellerait assez que c'est elle qui a servi de barrière à ces hordes sauvages qui s'élançaient vers nos frontières.

« Mais, tandis qu'accablés par le nombre, elle épuise un sang généreux, resterons-nous spectateurs impassibles de ses héroïques efforts ? n'aurons-nous que des vœux impuissans à former pour elle, ou des larmes amères, en réserve pour les désastres dont elle est menacée ?

« Non, nous n'acceptons pas l'odieux abandon dans lequel le ministère laisse ce peuple de héros qui sont nos frères ! Des hommes libres ne sauraient se contenter d'une lente intervention diplomatique ; mais puisque nos guerriers ne peuvent aller concourir aux succès de leurs vieux compagnons de gloire, puisqu'il ne dépend pas de nous de diriger nos bataillons à travers ces peuples, dont les gouvernements ennemis de la liberté, contemplent tant de valeur avec effroi ; faisons du moins pour eux tout ce que commandent l'humanité et la plus vive sympathie ; fournissons-leur de l'or. De l'or, pour des héros, c'est des cartouches, c'est des bayonnettes , c'est des glaives, c'est la victoire.

« Déjà, dans toutes les principales villes de la France se sont établis des comités polonais pour exciter la générosité des concitoyens et recueillir leurs dons ; celui de Lyon s'adresse à nous afin d'unir nos efforts aux siens. Sur son invitation , plusieurs de vos concitoyens se sont réunis et ont fait choix d'une commission chargée des mêmes attributions.

« Elle recevra tous les dons , de quelque sorte qu'ils soient, même en nature , tels que des ouvrages, des marchandises et des objets de toute espèce. Un vaste Bazar a été formé à Lyon ; il reçoit chaque jour de nombreuses offrandes qui lui sont faites , et c'est là que seront dirigés les dons en nature ; les moyens les plus ingénieux y sont employés pour en tirer le parti le plus avantageux.

« Elle recevra aussi les soumissions à l'emprunt national, conformément au programme publié par les journaux. (1)

____

(1) Le gouvernement polonais avait chargé M. le comte Lubienscki et M. le comte Albert Grzimela, directeur de la banque, de placer en France des obligations de l'emprunt appelé *Subside polonais*, de 375 fr. chacune. Les banquiers *Ferrière, Laffitte et C*, *Mallet, Fould, etc.* étaient à la tête de cette opération et avaient adressé un programme à tous les journaux. Le *Patriote de Saône-et-*

« La publicité la plus grande sera donnée à toutes les opérations de la commission ; un compte sera imprimé et la liste des souscripteurs sera publiée par la voie du *Patriote de Saône-et-Loire.*

« Des registres d'inscription, pour les dons en argent et en nature, sont déposés chez MM. Grassot, Mathey et Chaffotte, notaires.

Les membres du Comité Polonais,

L. CHEVREAU, président ; (1) — MATHEY, trésorier ; — GRASSOT ; — DÉSARBRES ; — PUGEAULT ; — CHAFFOTTE ; — DELANGLE ; — AUG. THEVENIN, secrétaire.

Loire annonçait ainsi cette souscription, dès le 7 septembre 1831 :

« Il se présente une occasion d'être utile à la Pologne ; prodigue du sang de ses enfants, les ressources matérielles lui manquent ; elle vient d'ouvrir un emprunt pour y subvenir ; que tous ceux dont le cœur bat pour cette généreuse nation et qui gémissent de ne pouvoir voler à son secours, répondent à l'appel qui leur est fait. En sacrifiant momentanément une partie de leur superflu, ils s'acquerront des droits immortels à la reconnaissance des Polonais et de tous les amis de la liberté. »

Plusieurs Châlonnais s'empressèrent de prendre de ces actions.

(1) M. Chevreau est aujourd'hui président du tribunal de première instance de Chalon-sur-Saône.

V.

Souscriptions en faveur des Polonais.

—

Les Chalonnais ne tardèrent pas à répondre à ce généreux appel du Comité Polonais, et des listes de souscription circulèrent aussitôt par toute la ville. La souscription était ouverte, en outre, chez MM. Grassot, Mathey et Chaffotte, notaires, et au bureau du *Patriote de Saône-et-Loire.* Les dons de toute espèce, jusqu'au denier de la veuve et au centime du pauvre, étaient reçus avec reconnaissance.

1re Liste publiée par le *Patriote de Saône-et-Loire,* le 14 septembre 1831.

Soumission à l'emprunt polonais.

M. Jules Coste, négociant à Chalon-s.s., une obligation de 375 fr.

Dons.

MM. Pugeaul, avoué à Chalon, 20 fr. — De Laroche-Nully, Maire de St-Germain-des-Bois, 20 fr. — Ch. Mathey, notaire, 25 fr. — Delangle, avoué, 15 fr. —

Thesmar, caissier chez MM. Coste père et fils, 10 fr.— Petiot-Groffier, négociant, 100 fr. — Un anonyme, 10 fr. — Désarbres, ex-officier de cavalerie, 50 fr. — Chaffotte, notaire, 20 fr. — Chevreau, avocat, 15 fr. — Vallée, ingénieur du canal, 100 fr. — Eugène Mathey, 1 fr. — Grassot, adjoint au maire, 25 fr. ; plus une giberne et un sabre d'infanterie avec leurs buffleteries. — Noirot, clerc de notaire, 5 fr. — Guénard, id., 1 fr. — Jannin, id., 1 fr. — Reliquat d'une souscription en l'étude de M. Grassot, 5 fr. — Thevenin Auguste, 20 fr.

Dons et Total. . . . .   443 fr.

2me liste, publiée le 17 septembre.

MM. Ch. Lépine, docteur en médecine, 20 fr.— Roucher, nég., 20 fr. — Zolla fils, architecte, 10 fr.—Moissenet-Bidreman, 10 fr. — Commaret aîné, avocat, 9 fr. — Simonnot, capitaine, 2 fr. — Jannissot, propriétaire, 5 fr. — Maurice, avoué, 20 fr.—Jailloux, avocat, sabre et giberne avec les buffleteries. — Rey avoué, 10 fr. — Pierre Pagez, 2 fr. 50 c. — Eugène Bély, 5 fr. — Prudon, peintre, 2 fr. — Constant, 1 fr. — Grolier, 1 fr. — Parent, fr. 50 c. — Faëssel, 50 c. — Rossier, commis nég., 75 c.—Picot, cafetier, 1 fr. 50 c.—Henry Pierre, 75 c. — Salagnard, propr., 2 fr. — Protheau, employé de l'octroi, 1 fr. 50 c. — Protheau Nicolas, 1 fr. — Mme Marillier, 50 c. — Marillet-Mallet, aubergiste, 1 fr. — Petit-Lagneau, aubergiste, 3 fr. — Rebourceot, de

Chagny, 2 fr. — Laurent-Mimeur, de Saulieu, 50 c. — Crépet aîné, marchand de bois, 5 fr. — Longuet François, de Sevrey, 1 fr. — Mme veuve Marion, aubergiste, 5 fr. 80 c. — Almelet Jean neveu , 5 fr.

Total. . . . . 150 fr. 80 c.

VI.

Prise de Varsovie.

—

Les tristes pressentiments qu'avait fait naître le lâche abandon de la Pologne furent bientôt réalisés. On reçut le 20 septembre à Chalon la nouvelle de la capitulation et de la prise de Varsovie. On ne se fait pas une idée de l'impression douloureuse que causa cet évènement funeste dans toutes les classes de la population. Partout, dans les maisons, les cafés, les rues, on s'abordait pour se faire part de la nouvelle fatale et pour s'indigner contre la couardise du gouvernement. L'agitation la plus grande régnait dans tous les esprits, et l'on apprit avec une vive émotion d'espérance que des troubles avaient eu lieu à Paris, que des barricades avaient été élevées, que Casimir Perrier avait été poursuivi par des citoyens furieux, et qu'un

2

rassemblement considérable avait parcouru quelques quartiers, en poussant le cri d'*à bas les ministres !*

Le Patriote de Saône-et-Loire, expression de l'indignation générale, annonça ainsi la catastrophe polonaise, dans un N° de deuil :

« Varsovie a succombé, son agonie a été sublime. Opprobre aux gouvernements fauteurs et complices de l'extermination de la Pologne ! Que le sang héroïque de nos frères retombe sur leurs lâches assassins ! Voués à l'exécration des contemporains et de la postérité, l'histoire burinera les noms des infâmes dans ses pages de malédiction, réservées aux oppresseurs et aux bourreaux des peuples, etc... »   J. D.

On s'arrachait *la Némésis,* dont les vers énergiques crachaient la honte à la face de nos lâches ministres, et chacun répétait avec un serrement de cœur inexprimable, la larme à l'œil, le front couvert de la pâleur de l'indignation, l'admirable imprécation suivante, intitulée :

LE 6 SEPTEMBRE.

Destinée à périr !!! L'oracle avait raison !
Faut-il accuser Dieu, le sort, la trahison ?
Non, tout était prévu, l'oracle était lucide.
Qu'il tombe sur nos fronts, le sceau du fratricide !

Noble sœur ! Varsovie ! elle est morte pour nous !
Morte un fusil en main , sans fléchir les genoux !
Morte en nous maudissant à son heure dernière ,
Morte en baignant de pleurs l'aigle de sa bannière !
Sans avoir entendu notre cri de pitié ,
Sans un mot de la France, un adieu d'amitié !
Tout ce que l'univers , la planète des crimes ,
Possédait de grandeur et de vertus sublimes ;
Tout ce qui fut géant dans notre siècle étroit ,
A disparu ; tout dort dans le sépulcre froid !   [mes !]
Cachons-nous , cachons-nous, nous sommes des infâ-
Rasons nos poils , prenons la quenouille des femmes ;
Jetons bas nos fusils, nos guerriers oripaux ,
Nos plumets citadins , nos ceintures de peaux !
Le courage à nos cœurs ne vient que par saccades ,
Ne parlons plus de gloire et de nos barricades ,
Que le teint de la honte embrase notre front ,
Vous voulez voir venir les Russes ?... ils viendront !...

VII.

Suite de la Souscription chalonnaise en faveur des
Polonais.

—

Le Patriote de Saône-et-Loire, dans son N° du
24 septembre, annonce ainsi la continuation de
la souscription :

« La catastrophe de Varsovie n'a fait qu'augmenter l'intérêt que nous portions au peuple héroïque. Ce n'est pas la première fois, qu'abandonnée de l'Europe et cédant à la force brutale, la patrie de Kosciusko et de Poniatowski a subi le joug des barbares. Plusieurs fois elle l'a secoué, elle le brisera un jour. La servitude ne peut trouver de fondement sur le sol de la liberté, trempé du sang de ses défenseurs. Espérons ! l'aigle blanche reprendra son essor.

« Les souscriptions des amis de la Pologne iront infailliblement à leur destination. Modlin, dernier boulevart de l'indépendance polonaise n'est point encore tombé ; et si ce nouveau malheur nous était réservé, nos offrandes seraient plus que jamais nécessaires pour subvenir aux besoins de ces nombreux guerriers qui, préférant l'exil à l'esclavage, iraient porter sur la terre étrangère et leurs infortunes et leur gloire.

« Toutes les classes s'associent à l'œuvre de bienfaisance pour la Pologne. On éprouvera une vive satisfaction en voyant figurer dans la liste des souscripteurs que nous publions aujourd'hui, les portefaix de St-Cosme. Cette généreuse cotisation d'ouvriers s'imposant des privations pour soulager des braves malheureux est une réfutation victorieuse des imprécations proférées à l'envi contre les classes laborieuses, par des égoïstes, la plupart gorgés de l'or du budget.   J. D.

3me liste, publiée le 21 septembre.

MM. Ferrus, clerc de notaire, 5 fr. — Maucourt, 5 fr. — Salbœuf, lieutenant au 21°, 3 fr. — Bouhé Pierre, 50 c. — Janin 25 c. — Dromard, 3 fr. — Bourlier, 2 fr. — Roux, 1 fr. — Cornu Charles, 1 fr. — Morin-Colin, 1 fr. — Carré, 25 c. — Martin, voyageur, 75 c. — Combel, 50 c. — Cretin, 50 c. — Mlle Céline Prudent, 2 fr. — Sa sœur, Philiberte Prudent, 1 fr. — Tixier-Ducel, 50 c. — Courbet Auguste, 1 fr. — Renaud, 1 fr. — Latour, 25 c. — Dannery, 50 c. — Lusy, cafetier, 1 fr. 50 c. — Félix Laberthe, 2 fr. — Bouvet Sévère, 5 fr. — Chauvigny-Lavrand, 3 fr. — Thiébault, 25 c. — Petit-Lagrange, 50 c. — Lavrand Adrien, 50 c. — Frissey-Lossiot, 50 c. — Bulot, 50 c. — Georges Friederick, 60 c. — Pâque Joseph, 50 c. — Pouleau aîné, maire de St-Martin-en-Bresse, 1 fr. — Grapin, 1 fr. — Bourgeat père, 5 fr. — Thevenin Onésime, 15 fr. — Berthet, 50 c. — Georget, 50 c. — Daniel et Alexis Thevenin frères, 10 fr. — Richard, 50 c. — Boiteux-Vialet, 50 c. — Clerc, 50 c. — Louis Claeff, 5 fr. — Prost cadet, 25 c. — Bruod fils, 15 cent. — Poyard-Ravier, 50 c. — Sarrazin, 50 cent. — Henri Welter, 5 fr. — Duquesne, 2 fr. — Piat Régis, 1 fr. — Clerget, boulanger, 3 fr. — Guyennot, march. à St-Cosme, 2 fr. — François Larges, de Devillevert, 3 fr. — Benoît Dezage, de St-Cosme, 50 c.

2*

— Laurillard, cafetier à St-Cosme, 3 fr. — Jeanson, fondeur, de St-Cosme, 1 fr. 50 c. — Mouton-Fleury, de Givors, 2 fr. — Jacques Vigneret, de Belleville, 1 fr. — Colomb fils, 2 fr. — M. Almelet, 25 fr. — M. et Mme Masson-Almelet, 10 fr. — M. Bessy, cap. d'artillerie de la garde nationale, 20 fr. — Fortier, 5 fr. — Chaussier aîné, corroyeur, 5 fr. — Rouliot, officier retraité, 2 fr. — Bonnau, receveur à l'octroi, 1 fr. — Louis Luzard, 50 c. — Moreau, professeur, 1 fr. — P..., anonyme, 1 fr. Clément, cafetier, 3 fr. — Anne Bartalliaud, domestique, 50 c. — Magnien, avoué, 1 fr. — Galland, huissier, 1 fr. — Porcelet fils, 2 fr. — Bourgeois, 25 c. — François Bett, 25 c. — Parise, 25 c. — Boursey, 25 c. — Joseph Couttraux, 25 c. — Landas, 25 c.

Total. . . . . 169 fr. 40 c.

4me liste, publiée le 24 semptembre.

MM. Jamin père, 3 fr. — Jamin fils, 1 fr. — Tarrut Eugène, 5 fr. — Tarrut Edouard, 5 fr. — Dupuis-Lépine, 3 fr. — Perrault, propriétaire à Couches, 10 fr. — Morand, cafetier, 2 fr. — Clarin-Moissenet, officier retraité, 2 fr. — Une demoiselle, une paire de bracelets neufs en acier fin. — H. Motheau, 5 fr. — Chaussier, légionnaire, 5 fr. — Dole, 5 fr. — Costa, officier retraité, 1 fr. — Landolfe, 1 fr. — Secretand, 1 fr. — Lhomme, 1 fr. — Benier-Prat, 10 fr. — Vollery, 50 c. — Delangle Jules, clerc d'avoué, 3 fr. — Girard, juge-de-paix de St-Martin , 5 fr. — Theuriet, avocat , 5 fr.— Perrusson , avoué, 5 fr. — Lagrange , sous-lieutenant , 3 fr. — Millon , 5 fr. —John Breittmayer, gérant des gondoles à vapeur, 30 f. — Fortier , 5 fr. —.Tarut aîné, 3 fr. — Nazard , 5 fr. et une pipe en écume de mer. — Louis Regnier, dix bouteilles de vin de Bourgogne mousseux. — Ferdinand Coste, 20 fr. — Louis Perrin fils, 15 fr. — Daillant-Bugniot, 10 fr. — Abel Petiot , 30 fr. — Un anonyme ,6 fr. — Richard frères, de Lyon, 5 fr. — Jannin-Bruchou, maire de l'Abergement, 3 fr. — Riboulet, cafetier , de St-Germain-du-Plain, 1 fr. — Palthey, propriétaire, de Trouchy, 20 c. — Bernard-Calandre , de St-Marcel, 1 fr. — Guichard, orfèvre, 1 fr. 50 c. — Michaud, cafetier, 50 c. — Lombard, propriétaire, 1 fr. — Masory, 5 fr.— Myrot père, 1 fr. — Laurent-Dromard , de Pontoux, 2 fr. — Simon, de Pontoux, 5 fr. — Fondet aîné , de Pontoux, 5 fr. — Pillet , sergent-major au 24e, 5 fr. — Guillot, adjudant, 50 c. — Pernot, cafetier, 1 fr. — Thevenin Basile, 20 fr.

Dons et Total. . . . . 268 fr. 20 c.

Commune de St-Cosme.

MM. Potet cadet , serg. major, 3 fr.—Vière, conducteur du canal, 3 fr. — Boysset-Serre , maire, 10 fr. — Charles Boysset, âgé de 14 ans , 5 fr. — Berthe Boysset, âgée de 13 ans, 5 fr. — Doin Joseph , lieutenant de la garde nationale , 5 fr. — Rivière, aubergiste, 2 fr. — Doin François, lieutenant , 5 fr. —Lehodey, sous-lieutenant, 5 fr. — Robert Lehodey, sergent, 4 fr. — Guichard, capitaine, 5 fr. — Bourdon, 2 fr. — Johard Jacques, cafetier, 3 fr. — Saunier père, propriétaire, 5 fr. — Maillard, sergent, 1 fr. — Guichard fils, fourrier, 3 fr. — Rigue de 81 crocheteurs de Saint-Cosme, à 25 c. chacun, 20 f. 25 c. — Morel François, aubergiste, 3 fr. — Guennot, marchand, 2 fr. — Dezage, 50 c. — Laurillard, cafetier, 3 fr. — Janson, fondeur, 1 fr. 50 c.

Total. . . . .   96 fr. 25 c.

5ᵐᵉ liste, publiée le 1ᵉʳ octobre.

Une dame, 5 f. 80 c.—MM. Goyet, lieutenant de sap. pompiers, 3 fr. — Laurent tambour-major de la garde nationale, 3 fr. — Deux anonymes, 2 fr. 50 c. — Philibert Cadot Theuriet, 5 fr. — Violot, aubergiste, 2 fr.— André Wurgler, 50 c. — Baconet, 1 fr. — S. P. Bugniot, 2 fr. — Louis Theuriet, 2 fr. — Jules Theuriet, 2 fr. — Adolphe Durand, 2 fr.—Jacques Daplond, 50 c. — L. Corcelles, 1 fr. — Jacques Guilliet aîné, 50 c. — Benjamin Theuriet, 50 c.—Rodolphe Lopis cadet, 50 c. — Pierre Parret fils, 50 c. — Jean Coureaux, caporal, 1 fr. — François OEillet, 50 c. — Chambion, avocat, 5 fr.—Louis Sirrot, 3 fr. — Philippon Philippe, 1 fr. — Paul Serre, 5 fr.—Charbonnet cadet, 1 fr.—Brida Pierrot, 75 c. — Legras, 1 fr. — Seurre père, 2 fr. — Tardy père, 75 c. — Raberry, 3 fr. — M. Bonhomme, de Chalon, 2 cuillers à café en argent. — Un anonyme, 5 fr.

Dons et Total. . . . .   63 f. 30 c.

6ᵐᵉ liste, publiée le 5 octobre.

Mᵐᵉ veuve Vincent Clerc, propriétaire, 5 fr. — M. Bordenet, avocat, 5 fr.

Café du Midi.

Joly Joseph-François, 2 fr. — Lépine, soldat 2 fr. — Maître Jean, 1 fr. — Roblot fils, 1 fr. — Sacquet fils, 2 fr. — Dupuis, 1 fr. — Alicotis, 2 fr. — P. Bouliech, 2 fr. — Pigeau, de Paris, 5 fr.—B. Bruneau d'Ambrun, 50 c. — Un anonyme, 1 fr. — Topin cadet, 1 fr.—Chauche cadet, 25 c. — André Dessertaux, sergent-major, 1 fr. 50 c. — — Bonnardin fils, 1 fr. — Charles Joseph fils, 25 c. — Barron-Farin, 1 fr. 50 c. — Blannon, 25 c. — Sordet cadet, 50 c. — Dessertaux cadet, caporal, 1 f. — Hunteville, 50 c. — Mugnier cadet, 50 c. — Belloni fils, 1 fr. — Basile Baroy, plâtrier, caporal, 50 c. — Lagrange fils, de St-Desert, 50 c. — Aupicq, capitaine retraité, 3 fr. — Preux, caporal, 25 c. — Vallière Charles, 50 c. — Goujon, de Tournus, 50 c. — Baptiste Cordier, commis, 25 c. — Raffort fils, 50 c. — Rimelin Michel, 50 c. — Henry Cordier, chef-ouvrier au moulin à vapeur, 2 fr. — Lavauturier, horloger, 2 fr.

Total. . . . .   49 fr. 25 c.

Commune d'Ouroux, canton de Chalon-s.-s.

1ᵉʳ versement.

MM. G.-C.-M. Agron aîné, électeur, 25 fr. — Agron·

Germigny cadet, électeur, ex-officier de l'ancienne armée, 2ᵉ offrande, 25 fr. — Une anonyme, 20 fr. — Renaud-Cantin, géomètre, 2ᵉ offrande, 5 fr. — Toison, notaire, 2ᵉ offrande, 5 fr. — Toison, médecin, électeur, 2ᵉ offrande, 5 fr. — Corcelle aîné, maire, électeur, 2ᵉ offrande, 5 fr. — Jannin-Rivol, électeur, capitaine de la garde nationale, 2ᵉ offrande, 5 fr. — Méray-Mathey, électeur, 5 fr. — Plat François, de Colombey, 5 fr. — Jannin-Fondet, électeur, 10 fr. — Raval Antoine, 2 fr. — Lesne, percepteur, électeur, 5 fr. — Tainturier, propriétaire, 1 fr.

Total. . . . . 123 fr.

« Nous nous plaisons à rappeler que la commune d'Ouroux s'est toujours empressée de contribuer pour sa part au soulagement des grandes infortunes. Déjà, l'année dernière, elle a versé, par les mains de l'honorable député, le général Thiard, 426 fr. au profit des citoyens blessés pour la liberté dans les journées de juillet. »

7ᵐᵉ liste, publiée le 12 octobre.

MM. Callier, 5 fr. — Alexis Meulien, 5 fr. — J. Faivre, 5 fr. — Almelet aîné, 5 fr. — Beaugey, 5 fr. — Huet, 5 fr. — Bouhard, 5 fr. — Garnier-Petit, 5 fr. — Félix Druard, 5 fr. — Louis Thevenin, 10 fr. — J. Miard-Berle, 5 fr. — C. Petit, 5 fr. — Martin neveu, 5 fr. — Rogué, 10 fr. — L. Malioche, 5 fr. — Chèze, D. M., 5 fr. — Callard, maire de Mont-Saint-Vincent, 5 fr. — A. Catoire, du 21ᵉ de ligne, 2 fr. — Cointot, percepteur de

Saint-Cristophe, 3 fr. —Damotte, percepteur à Chalon, 5 fr. — Guinot aîné, maire de Navilly, 5 fr. — Poirson, 1 fr. — Lafay, ex-Maire d'Ormes, 1 fr. 50 c.—Masoyer, 2 fr. — Jacob, 25 c. — L'homme-Lavrand, 50 c. — Pacault, 1 fr. — Grappe Jean-Baptiste, voiturier, 1 fr. — Dejen Jean-Baptiste, voiturier, 1 fr. — Laberthe Jean, voiturier, 1 fr. — Chancz Casimir, voiturier, 50 c. — — Thevenin Victor, nég., 5 fr. — Noël Baptiste, 25 c.

Total. . . . .   125 fr. 00 c.

VIII.

Rétablissement de l'ordre en Pologne.

Les vers suivants de M. *Népomucène Lemercier*, membre de l'Institut, sont accueillis par tous les esprits généreux, avec autant de faveur que ceux de la *Némésis*. Un ministre avait prononcé à la tribune cette parole incroyable dans la bouche d'un Français : *L'ordre règne à Varsovie !* Quel ordre, grand Dieu! —Ecoutez le poète dans sa franche rudesse :

Salut au droit divin! mort aux droits naturels!

L'antique indépendance est justement ravie

Aux peuples destinés à des fers éternels.

Las de courber au joug une tête asservie,

Des empereurs, des rois, tuteurs si paternels,

Ils osent s'affranchir, ces enfants criminels !
Que sur mille échafauds leur attentat s'expie !
Ligue des souverains, frappez leur secte impie ;
Le ciel vous a légué des sceptres immortels ;
Vos gothiques guerriers, soutiens de vos autels,
Jaloux d'ensanglanter leur vengeance assouvie,
Gravent sur des tombeaux vos décrets solennels.
La peste, sur vos pas de la guerre suivie,
Monstrueuse alliée unie aux trahisons,
Souffle dans les cités les dévorans poisons.
Grâce à tant de fléaux, la Pologne est sans vie ;
De la révolte au loin s'éteignent les tisons :
L'ordre règne dans Varsovie !

Fier rempart de l'Europe où tous les arts sont nés,
Nation de héros, la noble Sarmatie
Vit de ses Jagellons les états profanés
Par trois perfides cours ; et, d'armes investie,
Elle vit ses voisins en brigands couronnés,
Se partager entre eux ses peuples enchaînés.
Indomptable, trois fois sa valeur aguerrie
D'un sommeil d'esclave arracha la patrie ;
L'ourse affreuse du nord, qui s'élance en grondant
Pour ressaisir sa proie, accourt vers l'occident :

Un czar, vengeur des rois, déchaîne sa furie...
Reverrons-nous des Huns l'univers dépendant?
La barrière des droits cède à la barbarie.
Hommes, enfants, tombez sous le glaive irrité;
Le sabre ouvre les flancs de la maternité...
Des arrêts de la mort un froid écho publie
Au désastreux succès d'un pouvoir détesté:
       L'ordre règne dans Varsovie!

Ah! vous qui des martyrs nous prédisiez le deuil,
Voyez le sang, les pleurs, inondant les murailles
D'une ville changée en un muet cercueil,
Où le fer des bourreaux suit le plomb des batailles.
Comparez les débris et les coups mutuels:
Des peuples ou des rois quels sont les plus cruels?
On craint la propagande au nom des lois semée,
Craint-on, au nom de Dieu, la propagande armée
Des tyrans absolus, fléau du genre humain,
Vrais bouchers de troupeaux vendus de main en main?
Le despotisme est vieux, sa noirceur est profonde;
Jeune liberté! marche, et triomphe de lui:
De l'hydre féodale abats la tête immonde.
Contre un faux droit divin Dieu même est ton appui.
Esclaves à jamais, ou vainqueurs aujourd'hui,

Luttons ; et si ta loi sur l'équité se fonde,
Maître alors de la paix, quand le crime aura fui,
L'ordre régnera dans le monde !

IX.

Suite de la Souscription.

———

8ᵐᵉ liste , publiée le 26 octobre.

MM. Berlo, négociant, 15 fr. — Bayel fils, propriétaire, 5 fr. — Rollet, propriétaire, 5 fr. — Auguste Letorey, 10 fr. — Alin-Loranchet, négociant, 20 fr. — Dambrun, commis-négociant, 5 fr. — Bertrand , prop., 5 fr. et une giberne. — Taupin, 1 fr. — Maréchal, 1 fr. — Bidreman, négociant, 20 fr.

Total. 87 fr. 00 c.

9ᵐᵉ liste, publiée le 29 octobre.

Commune d'Ouroux, 2ᵉ versement, 54 fr. 15 c.

10ᵐᵉ liste, publiée le 16 novembre.

M. Metle aîné, 10 fr. — Mˡˡᵉ Catherine Bonnet, 1 fr. 50 c. — MM. Antoine Rolland, 1 fr. — S. Gaillard, 1 fr. 50 c. — Fleurdépine aîné, 25 c. — Fleurdépine, 25 c. — Anonyme, 1 fr. 50 c. — Deux voyageurs, 1 fr. — MM. de Levy, voyageur, 25 c. — Varrand, de Champforgeuil, 2 fr. — Perraud-Perraud, 2 fr. — Duhesme, capitaine, 8 fr. — Mlle Antonia Charbonnet. 1 fr. — Mlle Pisson, 50 c. — MM. Menand, boulanger, 50 c.—Charpy Vincent, 1 fr. — Coulon Vincent, huissier, 2 fr.— Tarut ainé, 3 fr.

Total. . . . . 34 fr. 25 c.

X.

Comité national Polonais.

—

De nobles débris de l'armée polonaise sont déjà arrivés à Paris. Leur premier soin est de former un *Comité national,* tant pour l'organisation des secours à distribuer aux réfugiés qui vont bientôt arriver en masse, que pour la direction des affaires polonaises en général.

Voici les pièces relatives à la formation de ce comité, pièces adressées à toute la France par la société *Aide-toi, le ciel t'aidera,* afin de donner aux souscripteurs l'assurance que l'emploi de leurs dons sera fait convenablement.

A MM. LES MEMBRES DU COMITÉ POLONAIS.

MESSIEURS,

Une fois encore la Pologne a succombé. L'histoire jugera ses efforts, et les Polonais croient pouvoir se présenter sans crainte devant son tribunal ; car ils n'ont rien épargné pour la défense d'une cause aussi sublime. Elle dira si c'est par leurs fautes et par des refus de sacrifices qu'ils ont succombé dans une lutte désespérée. Il serait superflu de répéter ici ce que tant de plumes éloquentes ont tracé avant nous ; que l'existence de notre patrie était nécessaire à la tranquillité et au bonheur du monde ; bientôt l'avenir le prouvera trop cruellement peut-être ; mais, si une politique mal entendue nous a privés des secours efficaces des cabinets, au moins devons-nous rendre grâces à cette sympathie si générale qui s'est manifestée pour nous au sein des peuples, et surtout du peuple Français. C'est à vous surtout, honorables membres du Comité de Paris, que nous devons rendre grâces, à vous qui avez conçu la grande idée d'organiser une diplomatie citoyenne, prête à nous aider à défaut de celle des cabinets, et qui avez démontré par des faits qu'il était possible de nous sauver. Le compte-rendu de vos travaux généreux, que vous venez de présenter au public Français, en est un noble témoignage. Vous voulez aujourd'hui encore tendre la main aux débris d'un grand naufrage ; nous acceptons vos offres avec reconnaissance, et c'est pour appuyer vos efforts que les Polonais actuellement présents à Paris se sont réunis pour rédiger l'acte que nous nous empressons de vous communiquer.

Paris, le 6 novembre 1831.

Considérant que la malheureuse issue de la révolution polonaise du 29 novembre 1830 forcera un grand nombre de nos compatriotes à quitter leur sol natal ; voulant venir à leur aide par tous les moyens qui sont en notre pouvoir, et pour faciliter les relations avec les Comités

Polonais établis en France et à l'étranger, pour les éclairer sur l'usage le plus convenable à faire des subsides destinés à cet effet, aussi bien que pour obtenir du gouvernement français une protection particulière et quelques avantages dont la sympathie générale nous fait concevoir l'espérance, les soussignés, présents à Paris, ont résolu de former un *Comité National Polonais* sur les bases provisoires ci-dessous rapportées :

Art. 1er Le Comité National Polonais se divise en *Comité permanent* et en *Réunion générale*.

Art. 2. Le Comité permanent se compose d'un président, d'un vice-président et de 24 membres. La réunion générale sera formée par tous les Polonais et étrangers que le Comité permanent invitera à en faire partie.

Art. 3. Pour être membre du Comité permanent, il faut déposer les preuves que le candidat a été, dans le cours de la dernière révolution, membre de la diète, employé au service civil ou militaire, ou bien à une mission qui tendait au profit de la révolution.

Art. 4. Les membres qui, selon l'art. 3, ont droit de faire partie du Comité permanent, éliront les 26 membres de ce Comité, aussitôt que le nombre des présents à Paris montera à 100.

Art. 5. Le Comité National Polonais aura domicile fixe à Paris, et s'assemblera quand il sera nécessaire ; il se prescrira lui-même son organisation intérieure aussitôt qu'il sera au complet.

Art. 6. Pour obvier à des besoins présents, pour régler les moyens de venir au secours des Polonais qui arrivent journellement, ceux présents actuellement à Paris, et jouissant du droit de faire partie du Comité permanent, et cela au nombre de plus de 18, éliront provisoirement cinq membres provisoires, que présidera celui qui obtiendra le plus de voix ; et ce Comité entrera immédiatement en fonctions, et gérera les affaires jusqu'à l'organisation complète du Comité permanent.

(Suivent les signatures.)

Par suite de cet acte, l'élection a eu lieu, et le scrutin a appelé M. Bonaventure Niemojowski à la présidence du Comité dont MM. Joachim Lelewel, Théodore Morawski, François Wolowski, Contorbury Timowski, tous nonces et députés à la diète polonaise, ont été élus membres.

C'est donc au nom de nos compatriotes que nous, soussignés, nous adressons à vous, vétéran de la liberté, à vous qui, toujours jeune et ardent quand il s'agit de soutenir la cause des opprimés, semblez avoir fait de la Pologne l'Amérique de vos vieux jours, digne président du Comité central français, en faveur de la cause polonaise, et à vous tous, respectables membres du même Comité et de ceux de la France, pour vous informer de cette détermination et vous réitérer l'expression de notre reconnaissance, car votre zèle constant nous dispense de faire un nouvel appel à la sympathie française.

Le Comité National Polonais :

NIEMOJOWSKI ; LELEWEL ; MORAWSKI ; WOLOWSKI ; TIMOWSKI.

Paris, le 9 novembre 1831. — Rue des Filles-Saint-Thomas, Hôtel de Lyon.

Pour copie conforme.

XI.

Mauvaise volonté du Pouvoir envers les Polonais.

—

Le gouvernement ne sait pas rester magnanime devant l'organisation du *Comité national polonais*. Il cherche, par tous les moyens, à contrecarrer cette centralisation de l'émigration et refuse aux réfugiés des permis de séjour à Paris. Cette prohibition ne concerne pas seulement les militaires, mais tous les citoyens, députés, administrateurs et autres qui, préférant l'exil à une lâche soumission, avaient espéré trouver, partout en France, une loyale hospitalité.

On s'indigne généralement et, à Chalon en particulier, en lisant cette lettre énergique, adressée à chacun des députés de la France, par l'ex-président du gouvernement national de Pologne, à qui le ministère refuse l'hospitalité à Paris, qu'il habite depuis trois mois.

« M. le Député,

« Il est donc décidé que la sympathie des peuples n'est pas efficace pour protéger contre la Sainte-Alliance des gouvernements. Il n'y a plus d'asile en France pour les proscrits de la Pologne, contre le despotisme de l'anthropophage du Nord. Après trois mois de séjour à Paris, un permis ultérieur m'a été refusé à la préfecture de police, par ordre du ministre de l'intérieur, président du conseil.

« Si le ministre français veut être conséquent dans sa conduite avec la Pologne, je ne veux pas non plus rester en arrière avec ma conscience, mais dans un sens opposé.

« Comme je ne demande au gouvernement aucun secours pécuniaire, il est probable que si je m'adressais au ministre, on m'accorderait peut-être, par exception, un permis de séjour à la merci d'un caprice ministériel ; mais, comme nonce à la diète, je ne saurais séparer ma cause de celle de mes compatriotes ; je vais donc chercher une terre plus hospitalière, et je dis adieu à la France, en protestant devant ses mandataires contre un acte du gouvernement dont la nation n'acceptera pas, sans doute, la responsabilité.

Agréez, etc.

NIEMOJOWSKI.

Nonce à la diète de Pologne et président du gouvernement national.

« Ces misérables tracasseries dévoilent aux

yeux les moins clairvoyans les tendances rétro-
grades du gouvernement.

XII.

SUITE DE LA SOUSCRIPTION.

11ᵉ liste, publiée le 21 décembre.

Commune de Buxy-sur-Fley, 6 fr. 40 c. — Commune de
Laviange, 5 fr. 60 c. — M. Darriot, 10 fr.   Total : 22 fr.

Le *Patriote de Saône-et-Loire*, du 21 décembre, publiait dans ses colonnes l'avis suivant :

On ne doit point s'étonner si le Comité Polonais de
cette ville n'a point encore rendu le compte promis de
l'emploi des sommes recueillies par les souscriptions ; on
sait que malheureusement ces sommes n'ayant pu avoir
leur destination primitive, le vœu des souscripteurs est
qu'elles servent à secourir les héros polonais qui s'em-
pressent de gagner la France et que nos populations ac-
cueillent comme des frères martyrs de la liberté.

Le bazar polonais de Lyon vient d'ouvrir une souscription pour une médaille en l'honneur du peuple polonais.
La médaille projetée sera en bronze, du module de 22
lignes, le nom de chaque souscripteur figurera dans le
compte-rendu de la Société du bazar.

Au 1ᵉʳ janvier prochain, les listes de souscription seront définitivement closes. Le prix de la médaille est fixé à 5 fr. On souscrit à Chalon-S.S. chez MM. Grassot,
Mathey et Chaffotte, notaires, et au bureau du *Patriote*.

12ᵉ liste, publiée le 1ᵉʳ février 1832.

Commune de Bey. . . . . 29 fr. 80 c.

XIII.

Le Comité Polonais de Chalon-S.S. aux habitans de cette ville.

—

Le 8 février 1832, le comité polonais fait publier cette proclamation :

« Citoyens,

« Après avoir accompagné de vos vœux les succès des Polonais défendant leur indépendance ; après avoir admiré leurs héroïques efforts dans la lutte inégale qu'ils ont soutenue contre les esclaves du Nord ; après avoir répandu des larmes amères sur les désastres de cette armée de héros, il nous reste à céder au besoin des âmes généreuses et libres : c'est d'accueillir comme des frères et des amis, les débris de cette admirable nation qui, désormais sans patrie, viennent en France pour en réclamer une adoptive.

« Une colonne de trois cents Polonais traversera nos murs dans les journées des 10, 12 et 14 de ce mois. Le comité polonais voulant régulariser l'empressement que vous voulez mettre à les recevoir et à les loger, invite tous ceux qui ont cette intention, à aller se faire inscrire à la municipalité, bureau militaire; il leur sera donné ensuite les indications propres à favoriser leur dessein.

« Le comité polonais prévient ses concitoyens de tout le département, que les fonds provenant de la souscription, sont employés journellement à fournir des secours aux réfugiés de cette nation, qui sont dans le besoin; ces fonds seront bientôt épuisés, sans doute; mais des Français ne souffriront pas que leurs frères, martyrs de la liberté, éprouvent des privations; leur patriotique philanthropie va s'émouvoir de nouveau: aussi, les listes de souscription sont ouvertes comme par le passé, et le comité continue de recevoir les dons qui lui sont faits. »

Le Patriote contient, en outre, l'avis suivant:

« MM. les gardes nationaux, les jours où ils ne seront point commandés pour aller au-devant des Polonais, sont priés de se mettre en uniforme, et, d'après le programme qui a été arrêté par le comité polonais, de se placer dans le cortége à la suite des nobles exilés. »

Passage des troupes polonaises.

Vendredi, 10 fév. cour., 70 off., 24 s.-off. et s.
Dimanche, 12 id. 65 27 id.
Mardi, 14 id. 92 25 id.

Ainsi, comme on le voit, le comité polonais marchait dans un accord parfait avec l'autorité administrative et municipale qui lui prêtait un appui fraternel, en mettant à sa disposition la garde nationale. Heureux moment où la plus déplorable des scissions n'avait point encore divisé complétement l'élément libéral de la restauration, et où le sentiment d'une conservation égoïste et maladroite n'avait point étouffé celui de l'humanité!

Les citoyens s'étaient empressés de réclamer au bureau militaire l'honneur et le bonheur de posséder des Polonais, et ceux qui n'en avaient pu obtenir, se joignaient à leurs amis pour offrir, au moins, des banquets, insuffisante compensation de l'hospitalité privée dont on se disputait l'avantage avec une indicible ardeur.

XIV.

Arrivée des Polonais à Chalon-S.S.

—

Le 10 février, dès le matin, toute la ville est

sur pied comme dans l'attente d'un grand évé-
nement. Les gardes nationaux sont en grande
tenue, et se préparent à aller au-devant des
Polonais avec un nombre considérable de citoyens de toutes les classes. A midi, l'on se
porte déjà du côté de la route de Paris, on in-
terroge les voyageurs et l'on apprend que, re-
tenus dans presque tous les villages où ils ont
passé, les Polonais du premier détachement
n'arriveront guère qu'à quatre heures du soir.
En effet, ils ont fait une halte à Chagny, où de
nouvelles voitures ont remplacé celles qui les
avaient amenés de Beaune. La garde nationale
qui les avaient reçus, les a accompagnés jusqu'au pont du Gauchard.

Le comité polonais s'était rendu jusqu'à
Champforgeuil, pour saluer les illustres exilés
et les escorter jusqu'aux portes de la ville où
les attendaient des détachements de toutes les
compagnies de la légion, une partie du bataillon du 54ᵉ et presque toute la population chalonnaise.

En arrivant près de la barrière, les héroïques
défenseurs de la Pologne furent salués par une
immense et unanime acclamation.

M. Chevréau, avocat, président du comité
polonais, noblement entraîné par le sentiment
général et par l'inspiration de son cœur, prit

alors la parole au nom de tous ses concitoyens et adressa aux braves malheureux, l'allocution suivante :

« Héroïques et chers Polonais,

« Un fatal destin vous contraint à vous éloigner de la patrie pour laquelle vous avez versé des flots d'un sang généreux.

« En épanchant vos douleurs dans le sein d'une hospitalité que vous doit, à tant de titres, la France votre seconde patrie, vous soulagez nos cœurs chargés du poids de vos revers.

« Pourquoi faut-il qu'une politique indigne du nom glorieux de français, ait enchaîné notre courage, et ne nous ait permis que des larmes pour vos malheurs !...

« Espérons dans un réveil prochain des peuples ! la France acquittera la dette de tant de sang versé pour elle. Unie aux nations, dignes de la liberté, elle reconstituera grande, libre et indépendante, cette héroïque Pologne que vos hauts faits ont rendue l'admiration du monde.

« Venez dans nos bras recevoir les embrassements de vos frères, de bons Français..... Ils vous porteront bonheur!.....

« *Vive la Pologne!..... Vive les Polonais!.....* »

Les derniers mots de ce discours énergique, expression fidèle des sentiments chalonnais, furent répétés avec transport par la foule; on demanda même à entendre une seconde fois cette phrase vigoureuse, qui fut, en effet, répétée: *Pourquoi faut-il qu'une politique indigne du nom glorieux de français, ait enchaîné notre courage, et ne nous ait permis que des larmes pour vos malheurs?.....*

Les Polonais, parmi lesquels un grand nombre avait servi dans nos rangs, et qui parlaient parfaitement français, écoutèrent cette allocution avec un vif intérêt, et témoignèrent combien ils y étaient sensibles. Ils se précipitèrent dans les bras des citoyens, et de toutes parts les vœux se confondirent chaleureusement dans une accolade fraternelle. Le cortége se mit alors en marche, Polonais et Chalonnais bras-dessus, bras-dessous, précédés du drapeau de la Pologne, au son des airs nationaux, accompagnés d'acclamations de joie et de sympathie.

C'était un tableau touchant et pittoresque que présentaient ces hommes presque tous dans la force de la jeunesse, aux visages mâles, aux traits vifs et distingués, sillonnés par les labeurs de la guerre et les fatigues d'une longue route, au port élégant et svelte, joignant la gravité du Nord à la grâce française, et relevés par ces costumes variés et piquants qui avaient tout le charme de l'originalité et de l'étrangeté. L'âme se perdait en de pénibles rêveries à l'aspect de ces braves qui, naguères, à trois cents lieues de nous, peuplaient les universités de la Pologne et les armées de la Russie, et avaient tout quitté, patrie, propriétés, parents, amis, femmes et maîtresses, pour tenter de secouer le joug d'un tyran! Les larmes coulaient involontairement en contemplant tant d'héroïsme et tant d'infortunes!

Sur le quai, c'était à qui enlèverait un polonais pour l'emmener chez soi ; le comité fut obligé de veiller à la distribution des billets d'invitation qui avait été commencée à Champforgeuil, où les premiers venus, sans doute, s'étaient fait une part large et privilégiée qu'on ne sera jamais tenté de leur reprocher.

Plusieurs banquets avaient été préparés dans les grands hôtels de la ville, et chacune de ces réunions fut un foyer de fraternelle effusion et d'élan patriotique. Toutes les âmes étaient confondues et les mêmes transports se faisaient remarquer dans les membres de la municipalité, de la sous-préfecture et des différentes administrations qui se confondaient égalitairement avec les autres citoyens. Epoque d'heureuse mémoire!... Tu resteras gravée en traits ineffaçables dans le cœur de tous les amis sincères de la patrie et de la liberté!...

Le soir, on conduisit les Polonais au spectacle; la salle était comble, c'était à qui presserait la main des braves. Dans le premier entr'acte, un acteur vint chanter ces couplets, improvisés par M. E. P., avocat:

Salut, Héros! trahis par la victoire,
Débris fameux échappés aux tyrans;
Frères salut! salut fils de la gloire!
La France en vous contemple ses enfants.
Venez, venez partager la patrie,
Que si long-temps défendit votre bras;
La liberté dans son sein vous rallie;
Pologne, un jour, tu ressusciteras!

Le flot impur d'une horde d'esclaves,
Coule en torrent dans vos champs dévastés;
Son noir limon couvre le sol des braves
Et se répand dans vos nobles cités.

Mais il viendra le jour des funérailles...
Sublime encor tu les immoleras.....
Oh! l'avenir est rempli de batailles!...
Pologne, un jour, tu ressusciteras!

La France en deuil admirait votre gloire,
Vos jeux sanglants, vos combats de Titans;
Elle gravait vos noms dans sa mémoire,
Voulait aider aux travaux des géans...
Quand un visir, de sa voix infidèle,
Osa crier : Pologne, tu mourras!...
Cri de malheur! Mais Pologne immortelle!
Pologne, un jour, tu ressusciteras!

La liberté sortira des tempêtes,
Elle viendra soulager vos malheurs;
Le monde entier lui prépare des fêtes
Où s'uniront notre sang et nos cœurs...
Son bras puissant lancera le tonnerre,
De toutes parts jailliront des soldats!...
Et les tyrans tomberont en poussière!
Pologne, un jour, tu ressusciteras!

Ce chant d'espérance fut salué par une acclamation générale en faveur de la Pologne; la

foule entière était debout et chacun cherchait à serrer un des illustres exilés sur son cœur.

La *Parisienne* fut ensuite chantée par un acteur; mais à peine avait-il prononcé les premiers mots de l'avant-dernier couplet que des cris: PASSEZ LE COUPLET! partirent spontanément de divers points de la salle, d'où l'on entonna en chœur le suivant:

Tambours du convoi de nos frères, etc.

La *Marseillaise* termina cette patriotique et hospitalière journée, où des larmes de joie et d'attendrissement s'étaient souvent mêlées à des vivats pleins d'enthousiasme.

XV.

Suite de l'arrivée des Polonais à Chalon-S.S.

Le second et le troisième détachement de Polonais de l'une des colonnes du corps de Rybinski, arrivèrent à Chalon le 11 et le 14 février 1832. Les soldats d'Ostrolenka reçurent les mêmes honneurs et le même accueil que ceux qui les avaient précédés.

Le président du comité était encore à la tête

des citoyens qui accouraient au-devant du 2e détachement, et il lui fit une nouvelle et chaleureuse allocution, à laquelle le commandant du détachement répondit avec autant d'énergie que de cordialité.

A l'arrivée du 3e détachement, c'était M. Menand, membre du comité polonais, qui portait la parole au nom de ses concitoyens. Voici son allocution :

« Polonais !

« Débris sacrés du plus sublime naufrage, la France devait vous recueillir. La France est aussi votre patrie ! Venez, venez dans nos bras, martyrs de la liberté, toutes nos sympathies vous réclament.

« Ces populations innombrables qui, pleines de vos exploits et de vos malheurs, se pressent sur vos pas depuis la frontière, vous crient qu'elles n'ont point trempé dans l'attentat contre votre nationalité. Ce n'étaient pas des larmes qu'elles réservaient à vos douleurs, mais leur sang qu'elles demandaient à mêler au vôtre, dans vos glorieux combats.

« Que de fois elles ont maudit la ligue arislocratique qui élevait entre elles et vous des barrières infranchissables, cette ligue impie qui, après avoir immolé tant de braves, veut anéantir leur patrie par les ukases de l'exil et par le fer des bourreaux. Voilà l'ordre légal de la Sainte-Alliance ; voilà l'oubli et la clémence des Rois !... Mais, en dépit d'eux, elle renaîtra la Pologne ! N'est-elle pas impérissable, la nation qui préfère l'exil à l'esclavage ?

« Espérez, Polonais ; nous Français, nous espérons !

« Bientôt, ainsi que nous le disait hier un de vos frères, l'aigle blanche guérie de sa blessure, à l'abri du drapeau tricolore, ne tardera pas à s'élancer sur les bords de la Vistule. Nous vous y suivrons, amis, nous sommes inséparables... Et la patrie des Kosciusko sera vengée.

« Vive la Pologne ! »

Les Polonais honorèrent le spectacle de leur présence. A la représentation du 14, après la première pièce, on demanda avec force la *Parisienne*. Le directeur vint annoncer que l'au- *torité avait défendu de la chanter*. A l'instant, une partie du parterre se porte sur le théâtre et commençait la *Parisienne*, lorsque quelques voix du parterre réclamèrent pour qu'elle fût chantée par un acteur. Après quelques instants d'insistance, le public dût céder devant de nouvelles explications du directeur qui fit annoncer que s'*il chantait la Parisienne il irait en prison*.

On ne connaissait pas d'article dans nos codes qui infligeât la détention pour le chant de la *Marseillaise des barricades*, aussi, la défense de l'autorité fût-elle huée et sifflée à qui mieux mieux. C'étaient les premiers essais du juste-milieu dans ce genre, et il ne devait pas en rester là..... Il n'y a que le premier pas qui coûte.

Enfin, au hourra de sifflets et de huées, succéda décidément la *Parisienne*, chantée unanimement en chœur par toute la salle, moins le pénultième couplet, qui ne fût pas demandé par une seule voix.

De nouveaux couplets, atribuées à un poète chalonnais, M. Jules Seurre, dont les vers énergiques rivalisaient alors de hardiesse avec ceux de la *Némésis*, succédérent à la *Parisienne*, et furent accueillis avec enthousiasme. Les voici :

LA POLONAISE.

O Polonais, dignes fils de la gloire,
Débris fameux d'un peuple de héros ;

En traits de feu, le burin de l'histoire,
Dans le saint temple inscrira vos travaux.
Léonidas, pour trouver trois cents braves,
Parmi vos rangs n'aurait point dû choisir;
Chacun de vous, en brisant ses entraves,
S'est écrié : « Vivre libre ou mourir! »

Nobles martyrs de la cause commune,
Que votre cœur ne soit point abattu,
Le sage en proie aux coups de l'infortune,
Dans les revers oppose sa vertu.
Avec respect, l'univers vous contemple;
Cueillez l'espoir aux champs de l'avenir;
Le genre humain fier de ce grand exemple,
Un jour dira : « Vivre libre ou mourir! »

Naguère aussi, le joug de l'infamie
Nous accablait de son poids odieux;
Les vils suppôts d'une ligue ennemie,
Osaient fouler notre sol glorieux;
Mais des tyrans la ruine s'apprête,
Et sous leurs pas un volcan va s'ouvrir;
Plus d'un héros jaillit de la tempête,
En s'écriant : « Vivre libre ou mourir! »

De l'avenir interrogeons le prisme
Et du passé rejetons les douleurs;
Les froids calculs d'un indigne égoïsme,
Ah! croyez-le, n'étaient point dans nos cœurs.
Mais noble sœur, ô Pologne chérie!
Nous te devons bien plus qu'un vain soupir;
Oui, les proscrits reverront leur patrie,
En répétant : « Vivre libre ou mourir ! »

XVI.

Suite de la Souscription.

—

13ᵉ liste, publiée le 18 février.

Mᵐᵉ veuve Serre, 10 fr. — Mˡˡᵉ Julie Vollon, 10 fr. — — M. Ferdinand Coste (2ᵉ souscription), 25 fr. — M. Guibert, ingénieur-constructeur, 20 fr. — Une dame anonyme, 42 fr. — M. Meulien-Legrand, 6 fr.

Commune d'Ouroux, canton de St-Germain-du-Plain (3ᵉ versement), 1 fr. 50 c. — Hameau de Velard, 21 fr. 15 c. — Hameau de Colombey, 38 fr. 40 c.

Total. . . . . . . 154 fr. 5 c.

14ᵉ liste, publiée le 3 mars.

Commune de Verdun, 132 fr. c. 20 — Communes de

Chauvort, de Saulnières, de Ciel, d'Allerey, des Bordes, de Ducet, de Chagny, de la Barre, de Sassenay, de Raconay, de Palleau, de Merlay, de Pierre, de St-Maurice, de Bragny, 65 fr. 20 c.

Total. . . . . . . 197 fr. 40 c.

15e liste, publiée le 7 mars.

MM. Légey, notaire de Navilly, 5 fr. — Fondet cadet, maire de Pontoux, 5 fr. — Guinot, maire de Navilly, 5 fr. — Guichard aîné, chef de bataillon de la garde nationale, 5 fr. — Monnet, porte-drapeau, 2 fr. — Guichard cadet, capitaine, 3 fr. — Rozerand, lieutenant, 2 fr. — Piot, capitaine, 3 fr. — Blanchet, capitaine, 2 f. — Collignon, adjoint, 3 fr. — Bernard de Montessus, propriétaire à Rully, 100 fr. — Mette, avoué à Chalon, 10 fr. — M. B., 10 fr.

Total. . . . . . . 155 fr. 00 c.

XVII.

Les Polonais en France à trois sous par jour.

—

L'article suivant du *Patriote de Saône-et-Loire* est l'expression fidèle de l'exaspération publique lorsqu'on apprit comment le gouvernement révolutionnaire de juillet traitait les réfugiés Polonais :

« Le cri de détresse que poussent les Polonais sur le sol de l'hospitalité retentit dans la France entière, elle en est tout émue. C'est surtout dans nos contrées, où hier encore nous les serrions dans nos bras, en mêlant nos larmes à leurs soupirs douloureux, qu'éclate l'indignation. C'est là que cette mesure financière des ministres envers les exilés vient de rouvrir la plaie profonde des infortunes de la Pologne et d'exaspérer notre douleur sympathique.

« Transfuges des barricades, ministres du 13 mars, ce n'était donc point assez de nous avoir enchaînés quand nous voulions voler au secours de notre sœur la Pologne, de l'avoir vendue et livrée par vos diplomates, parce que vous l'aviez *destinée à périr*; il ne vous suffisait pas d'avoir fait *régner l'ordre à Varsovie*, d'avoir dispersé ses défenseurs poursuivis par vos polices, de les avoir repoussés de la capitale de la civilisation ; vous n'étiez pas satisfaits de les avoir arrachés de ces asiles hospitaliers, de cette partie de la France où sur leur route on voulait les retenir et les adopter ; non, votre rage contre des hommes qui ont défendu leurs droits n'était point encore assouvie, il fallait les exposer d'abord aux poignards des assassins du Midi, et ensuite les faire expirer de besoins.

« C'est dans vos hôtels somptueux, au milieu de vos plaisirs et de vos fêtes, hommes à 100 mille francs de traitement, à fortune de millions, manipulateurs des milliards des budgets, que vous avez réduit à TROIS SOUS PAR JOUR L'EXISTENCE D'UN POLONAIS ! et comme elle serait allée trop lentement par la poste, votre atroce décision, digne d'un gouvernement de sauvages de la mer du Sud, vous l'avez lancée par votre télégraphe.

«C'est dans cette France, renommée chez tous les peuples et à toutes les époques par son hospitalité, sous un roi qui connut les infortunes de l'exil que vous, ses ministres, foulant aux pieds les sympathies nationales, avez tendu à d'héroïques exilés le GUET-A-PENS DE LA FAIM.

«Mieux eût valu, comme ont fait les Prussiens, les repousser à coups de fusil de nos frontières. Mais ce mode d'anéantir les débris de la Pologne n'est sans doute pas celui que vous impose votre capitulation avec la Sainte-Alliance.

«Poursuivez, ministère Perrier, poursuivez jusqu'à l'épuisement de la patience du peuple, jusqu'au jour fixé pour rendre compte !...»   J. D.

Voici quelques passages simples et naïfs d'une lettre datée d'Avignon, le 28 février, et écrite par un Polonais à une personne de Chalon, qui l'accueillit à son passage. Le Polonais demande dans cette lettre qu'on veuille bien lui procurer un emploi quelconque pour exister, quand bien même ce serait une *place de pâtre:*

« Autant j'étais heureux près de vous, autant je suis
« misérable à Avignon.

. . . .

« Je voudrais pour tout au monde pouvoir revenir à
« Chalon-S.S., car ici, nous ne ressentons que la mi-
« sère et ne voyons que la mauvaise mine des carlistes,
« et, pour notre récompense, on nous laisse mourir à
« petit feu, en nous donnant des fers, etc., etc.»

XVIII.

Nouveau mode de souscription en faveur des Polonais.

—

On lit dans le *Patriote de Saône-et-Loire* du 28 mars 1832, la note suivante, communiquée par le comité polonais de Chalon-S.S. Cette note, assez éloquente par elle-même, nous dispense de toute autre réflexion.

Depuis long-temps les divers Comités Polonais sentaient l'insuffisance et la difficulté de distribution des secours recueillis pour nos héroïques amis. L'isolement des souscriptions, l'éloignement de ceux auxquels elles étaient destinées, une répartition sans régularité, ne satisfaisaient point à notre vœu le plus cher, le soulagement de nos hôtes infortunés.

Entassés dans quelques localités étrangères à la sympathie qu'ils devraient inspirer au monde entier, les réfugiés Polonais que nous avons accueillis à leur passage gémissent dans les privations les plus dures : déjà la mort a moissonné beaucoup de ces braves échappés à tant de dangers ; d'autres abandonnent la France, et ceux qui se résignent à leur sort luttent pour échapper à une localité insalubre et inhospitalière.

Il est temps de soulager plus efficacement nos infortunés amis ; il y va de notre honneur !...

Ce but va être atteint, nous l'espérons, au moyen de la mesure proposée par le Comité Polonais de Paris dans la lettre ci-dessous, suivie d'une instruction adressée par le général Lafayette à notre honorable député, le général Thiard, qui s'est empressé de la faire parvenir au Comité de Chalon.

L'idée heureuse de ce mode de souscription remédie à tous les inconvéniens que nous avons signalés ; il donnera aux populations amies de ces braves l'avantage de les posséder au milieu d'elles et de pouvoir adoucir par tous les soins de l'amitié le regret de leur patrie.

Déjà le Comité Polonais de Chalon *a ouvert la souscription chez M. Mathey, notaire, trésorier du Comité.* Des souscriptions sont déjà faites jusqu'au 31 décembre 1832, d'un fr. jusqu'à 5 fr., et même pour de plus fortes sommes, par mois.

L'empressement avec lequel ce mode de souscription sera accueilli nous permet de croire que, sous peu de jours, nous pourrons posséder quelques-uns de nos honorables pensionnaires.

Le comité s'occupe d'organiser dans les cantons de l'arrondissement des comités avec lesquels il correspondra dans le but de cette souscription.

Les noms des souscripteurs seront publiés dans le *Patriote de Saône-et-Loire*, et les avis généraux du Comité seront donnés par cette feuille.

Nous adjurons les villes du département dans lesquelles les comités Polonais ne sont point encore établis de s'occuper sans délai de cette œuvre patriotique.

Enfin, nous saisissons cette occasion de donner un témoignage public au zèle digne de tout éloge de Mlles Junier et Douheret qui ont, en quelques jours, recueilli et versé au trésor une somme de 1,062 fr. qui a été adressée immédiatement au Comité Polonais d'Avignon.

Voici la lettre du général Lafayette, président du Comité Polonais, au général Thiard, député de Saône-et-Loire :

Paris, mars 1832.

Général,

« Nos braves amis les Polonais sont venus réclamer du gouvernement français l'hospitalité à laquelle ils ont tant de droits. La ration de prisonniers de guerre a été accordée à quelques-uns d'entre eux. Devons-nous regarder nos devoirs envers eux comme accomplis ? Je ne le pense pas.

« Plusieurs patriotes de divers arrondissements ont eu l'idée d'un plan de souscription par canton, dont vous trouverez le modèle ci-joint.

« Si dans chacun des arrondissements de France, une semblable souscription pouvait être réalisée, le Comité Central de Paris, que j'ai l'honneur de présider, se trouverait en état de remplir la noble tâche qu'il s'est imposée.

« Je suis chargé, Monsieur, de confier à votre patriotisme l'exécution d'une idée adoptée par le Comité Central Polonais, parce qu'elle lui a paru d'accord avec nos sympathies nationales.

« Veuillez agréer l'expression de ma considération distinguée.

Signé LAFAYETTE, président. »

Un citoyen de chacun des cantons de l'arrondissement s'occuperait de recueillir dans son canton les offrandes des amis des Polonais. La réunion des représentants des divers cantons formerait, au chef-lieu d'arrondissement, un Comité qui demanderait à celui de Paris de lui envoyer autant de Polonais qu'il aurait de sommes de *soixante francs* assurées tous les mois, et serait chargé de

répartir dans les divers cantons ces honorables pensionnaires.

Le tarif de 60 francs étant adopté, il faudrait trouver,
pour suffire à l'entretien annuel d'un Polonais, trente
souscripteurs à 2 francs par mois (24 francs par an); ou
60 souscripteurs à un franc par mois (12 francs par an);
ou 120 souscripteurs à 50 centimes par mois (6 francs par
an); ou enfin 240 souscripteurs à 25 centimes par mois
(3 francs par an). On suppose qu'il serait possible d'obtenir des souscripteurs dans *deux cents arrondissements*,
et l'on voudrait espérer que ces souscripteurs parvien-
draient à assurer l'existence de trois ou quatre de nos
amis par arrondissement.

Il est bon d'observer que le tarif de 60 francs par mois,
mentionné ci-dessus, ne peut être regardé comme un
tarif de rigueur. S'il a été adopté comme point de départ, c'est parce qu'il semble que c'était un *maximum*
convenable à établir pour toutes les localités, toutes les
positions, toutes les habitudes. Il est évident que ce tarif
pourrait être diminué dans certains pays et lorsqu'il s'a-
girait d'établir des analogies entre la situation antérieure
de ceux de nos braves amis dont nous aurons à nous occuper et les devoirs que la nécessité de pourvoir à leurs
besoins nous imposent.

La chose importante est donc de recueillir le plus
de souscriptions possibles; de composer le Comité d'arrondissement des citoyens qui, dans leurs cantons res-
pectifs, pourront employer au service des Polonais le
plus d'activité et de persévérance de détail; et, ce qu'il
ne faut pas oublier, c'est qu'il est urgent que les Comités
d'arrondissement se mettent très prochainement en
correspondance avec le Comité Central de Paris.

XIX.

Quête à domicile au profit des Polonais.

—

Ce nouvel appel du comité en faveur des Polonais ne demeura pas sans réponse. Deux nobles et saintes filles, de notre ville, mues par un sublime élan de patriotisme, trop rare, hélas ! parmi les femmes, dont l'âme est généralement étouffée de bonne heure sous le poids d'une éducation étroite et méticuleuse, deux nobles et saintes filles, il faut le répéter, Mesdemoiselles Junier et Douheret, entreprirent à elles seules une quête dont le produit fut immédiatement versé dans la caisse du comité.

Quête de Mesdemoiselles Junier et Douheret,
publiée le 28 mars.

Faubourg Saint-Cosme.

MM. Drevet, 1 fr. — Pariaut, 50 c. — Mègre, 25 c.— Henry, 50 c. — Chabert, 2 fr. — Baroit, 50 c. —Chatillon, 1 fr. — Guichard, 1 fr. — Paret, 1 fr. — Mme Ve Obeuf, 20 c. — Dard, 20 c. — Garde, 1 fr. — Verrand, 50 c.— Lerouge, 50 c.— Besançon 1 fr. —Saunier, 25 c. — Saunier père, 1 fr. 25 c. — Céséria, 25 c. — Godillat, — Blanc, 50 c. — Ganit, 75 c. —Laveaux, 25 c.— Durand, 25 c.— Doin, 20 c. — Robin, 50 c. — Contour,

75 c. — Guillet, 10 c. —Lautret, 50 c. — Denisot, 1 fr. — Henriot, 1 fr. — Foyard, 75 c. — Rousset, 10 c.— Nivet-Bourbon, 1 fr. 60 c. — Gaudet, 1 fr. 50 c. — Balastry, 2 fr. — Ganit, 40 c. — Rocher, 30 c. — Joanet, 25 c. — Chanut, 20 c. — Gros, 45 c. — Rosette, 20 c.— Grossetête, 20 c. — Roger, 20 c. — Favre, 1 fr. — Favre aîné, 75 c. — Rougeot, 25 c. — Gagnon, 15 c.— Charcouchet, basculeur, 10 c. — Nargeolet, 25 c. — Lavigne, 20 c. — Martel, 2 fr. — Joanet, 2 fr. — Bertoin, 50 c. — Saunier, 30 c. — Roset, 50 c. — Anonyme, 1 fr.—Ferret, coiffeur, 20 c.—Mme Douheret, 5 fr.

Villé.

MM. Choudet, 20 c — Pierson, officier retraité, 3 fr. — Perraud-Mortet père, 50 c. — Quantin, 50 c. — Delcrot, 50 c. — Duché père, 75 c. — Mauguin, 5 fr. — Lagrange, 1 fr. —Mme Monnier, 2 fr. — Moreau, professeur, 50 c. — Anonyme, 5 fr. — Alexandre, 30 c. — Grassard, 1 fr. — Ve Janiaud, 50 c.—Charles fils, 30 c. —Mlle Pisson, 25 c. — Roux, menuisier, 50 c. — Pinotte, coiffeur, 50 c. — Petitjean, 50 c. — Dubié, 25 c. — Blancherot, 30 c. —Mme Marillet-Mallet, 1 fr. — Salagnard, 1 fr. — Bessy-Cottereau, 1 fr. — Anonyme, 5 fr. 20 c. — Anonyme, 50 c. — Anonyme, 5 fr. — Cottereau, 1 fr. — Mme Vacher, 2 fr. —Bouchard, 2 fr.— — Ferrus, 1 fr. — Chambion, avocat, 5 fr. — Berry, géomètre, 1 fr. — Mlle Reynal, 50 c. —Anonyme, 30 c.—Mme de Villarsaut, 2 fr.—Mme Rey, 60 c. — Estivalet, 2 fr. — Nazard, 1 fr. — Cretin, 1 fr. —Mathey fils, 1 fr. —Patriarche-Bourdon, 15 c. — Aubert, 30 c. — Regner, 75 c. — Berger, 50 c. — Ve Mathey, 40 c.— Janin, 2 fr. — Perraud-Perraud, 1 fr. 50 c.—Mme Flassière, 5 fr. —Mme Ve Julliet, 1 fr. 50 c. — Guillet 3 fr.

— Vieux, 1 fr. — Tardy, 50 c. — Serre Paul, 50 c. — Anonyme, 1 fr. — Sirot, 3 fr. — Duhesme, capitaine retraité, 2 fr. —Mᵐᵉ Bugniot-Tissayre, 15 c. —Paquelin, 50 c. — Philippon, 50 c. — Vᵉ Marion, 3 fr. — Pujol, 2 fr. — Barthès, 1 fr. — Sacquet père, 1 fr. 50 c.— Martel, colonel en retraite, 2 fr. — Anonyme, 50 — Mᵐᵉ Vᵉ Hacquin, 3 fr. —Défontaine, 90 c.—Mˡˡᵉ Veillé, 50 c. — Mᵐᵉ Zolla, 2 fr. — Mˣᵉ Charbonnet, 50 c. — Rigaut, 2 fr. — Mᵐᵉ Vᵉ Corbeille, 1 fr. 50 c. — Chabas, 30 c. — Bazin, 25 c. —Lefebvre, 1 fr. 50 c. — Mazel, 2 fr. —Daillant, 5 fr. — Bitton, 2 fr. 50 c. — Rabery, 3 fr.—Dumagnon, 1 fr. — Vavrant, 3 fr. — Loup, 60 c. — Cadot, 50 c. —Mᵐᵉ Vᵉ Theuriet, 50 c. — Limonier, 30 c. —Patriarche, aubergiste, 50 c. — Latour, 25 c. — Fourneret, vinaigrier, 1 fr. — Clerget, 1 fr. — Rottz, 50 c. — Violot, 50 c. — Parent, 50 c. — Pareillet, 1 fr. — Anonyme, 1 fr. —Colomb aîné père, 3 fr.—Janiaux, 50 c. — Dejean, 25 c. — Anonyme, 50 c. — Colomb fils cadet, 3 fr. — Anonyme, 25 c. — Jacquillard, 50 c. — Bugniot père, cordier, 1 fr. — Coulle, charcutier, 50 c. —Maigrot, 30 c. — Chapon, 50 c. — Sève, 50 c. — Clément, 30 c. — Vailler, 1 fr. —Dessolin, 50 c.—Tixier-Ducel, 40 c. — Ducel, 3 fr. — Renaudin, 1 fr. — Flamand, 25 c. — Boisson, cafetier, 75 c. — Mᵐᵉ Ducrot-Bailleul, 50 c. —Dant, 1 fr.—Vᵉ Giscloud, 50 c. —Mᵐᵉ Delaroche, 5 fr. — Tixier, maître de pension, 5 fr. — Dupuis-Lépine, 1 fr. — Mᵐᵉ Vᵉ Suchet, 1 fr. — Mᵐᵉ Vᵉ Renaud, rentière, 5 fr. 80 c. — Monnot, rue des Minimes, 50 c. —Lacroix, avocat, 2 fr. —Delangle, avoué, 5 fr.—Stulz, 3 fr. —Pugeault, avoué, 5 fr.—Anonyme, 50 c. — Girard, cabaretier, 50 c.—Barry, 50 c.—Grille, 2 fr. — Anonyme, 50 c. — Crepet-Rougeot, 1 fr. 50 c.— Lambert, 50 c. — Mercet, rentier, 2 fr. — Biot, 2 fr. — Braoum, 50 c. —Vallée, ingénieur, 20 fr. — Gaudiller,

2 fr. — Blanc, 1 fr. — Bourdon, 1 fr. — Bailly, 5 fr. — Peltey, 2 fr.—Boiteux-Druard, 5 fr.—Léopold, 1 fr. — Léondebeaune, 2 fr.—Marot, 20 c. — Dromard, 50 c.— Fuchet, 25 c. — Cornu fils, 25 c. — V⁺ Bourguinon, 50 c. — Rougeot, serrurier, 50 c. — Besson, 50 c. — Sancier, 1 fr. — Anonyme, 25 c. — Mᵐᵉ Vincent, 1 fr. — Morain, 2 fr. — Sarrazin, 50 c. — V⁺ Bourgeat, 1 fr. — Thevenin frères, 10 fr. — Duquesne, 50 c. — Welter fils, 3 f. 50 c.—Chauvigny Louis, 75 c.—Renaud, aubergiste, 1 fr. — Sordet, 45 c. — Forestier, 50 c. — V⁺ Cornu, 15 c. — Desbaud, 2 fr. — Seurre, 1 fr. 50 c. — Mᵐᵉ Mathey, notaire, 1 fr. — Giroux, 1 fr. — Chambosse, 1 fr. — Fleury, chirurgien, 2 fr.— Buy, 2 fr.— Anonyme, 1 fr. — Anonyme, 1 fr. — Dupré, 1 fr. — Leroyer jeune, 1 fr. — Prudon, 1 fr. — Bénier-Prat, 3 fr. — Mᵐᵉ Monin, 1 fr. — Ogier, 5 fr. — Sacquet fils, 2 fr. — Girard fils, 50 c. — Pipinot-Monin et compagnie, 5 fr. — Pillot, receveur à l'octroi, 1 fr. — Deleschamps, 5 fr. — Doin aîné, 1 fr.—Brettmayer, 10 fr. — Leroyer, 2 fr. — Colomb fils aîné, 75 c.—Malo, avoué, 2 fr. — Maréchal, 75 c. — Richard-Durocher, 1 fr. 50 c. —Galopin, 3 fr. — Rogues-Junior, 3 fr. — Marès, 5 fr. — Anonyme, 15 c. — Masson, notaire, 2 fr. 75 c.— Friaud, 50 c.—Monin cadet, ébéniste, 1 fr.—Rougeot, scellier, 50 c. — Berchem, 10 fr.—Laveau, 1 fr. — Grenier, 75 c. — Mᵐᵉ Rogué, 2 fr. — Anonyme, 1 fr. — Bourdon neveu, 1 fr. — Gros Auguste, 3 fr. — Mᵐᵉ Petit, vinaigrier, 5 fr.—Mathey, tailleur, 50 c. — André Désertaux, 1 fr. — Boissen de la Cloche, 1 fr. — Potheret, 2 fr. — Rebillard, 2 fr. 50 c. — Tondut, 3 fr.— Guérin, 1 fr. 50 c. — Anonymes, 3 fr. 75 c. — Paret dit Lambichon, 1 fr. 50 c. — Philibert, 1 fr. 50 c. — Anonyme, 2 fr. — Leclair, musicien, 3 fr. — Millet, 12 fr. — Sévère Bouvet, 2 fr. — Glaise, 5 fr.—Sauzet, 25 c. —

Lafouge, 1 fr. — Poinsot, 80 c. — Anonyme, 1 fr. — Chevreau, avocat, 10 fr.—Guichard-Jacquemin, 2 fr.—Cottin, 50 c. — Cottin père, 1 fr. — Parent, 50 c. — Juillet, 1 fr.—Gauvenet-Artaud, 3 fr.—Coissard, 2 fr.—Bourdon Estivalet, 50 c. — Mayer, 50 c. —Ruffier, 50 c. — Demoria, 40 c. — Munier, 25 c. — Miard, 50 c. — Chanu, 50 c. — Mᵐᵉ Bessy, pharmacien, 35 c. — Godinet, 50 c. — Mᵐᵉ Verle, rue du Pont, 3 fr. — Daillance, 1 fr. — Rousset, 30 c. — Grospierre, 25 c.—Gauthier, capitaine en retraite, 2 fr. 75 c. — Humet, 1 fr. 50 c. — Mᵐᵉ Vollon, 5 fr. — Violot, docteur-médecin, 25 c. — Montchamps, 55 c. — Tixier, 25 c. — Montarlot, avoué, 1 fr. — Vᵉ Royer, 50 c. — Devillebichot, 50 c. — Tête, huissier, 1 fr. — Chevreau, avoué, 5 fr.—Andriosche, 2 fr.—Duchâtel, pharmacien, 1 fr. 50 c.—Blanche, 75 c. — Mᵐᵉ Pellegrin, 5 fr. — Fontaine, receveur de l'enregistrement, 1 fr. — Mˡˡᵉ Molo, 5 fr. — Picard, 1 fr. — Reveillon, 25 c. — Nouveau, 50 c. — Leroi, 75 c. — Roux, 50 c. — Anonyme, 20 c. —Paradis, 3 fr.—Cumigny, 2 fr. — Richard, coiffeur, 50 c. —Fernet, bijoutier, 20 c. — Duchesne, 2 fr. — Vᵉ Rusot, 1 fr. 50 c. — Maurel, 40 c. — Besse, 20 c. — Goudard, ébéniste, 50 c.—Belony, 30 c. — Peillon, 1 fr. — Chanu, horloger, 25 c.—Lepescheur, 1 f. 50 c.—Bidaut, confiseur, 75 c.—Froidvreaux, 2 f.—Grassot, ex-notaire, 5 fr. — Martin, 1 fr. — Malestin, 5 fr. — Bonenfant, 1 fr. — Dallaut, capitaine en retraite, 1 fr.—Anonyme, 50 c. — Sauvigny oncle, 2 fr. — Perrier, 75 c. — Cordelier, 50 c. — Richard, notaire, 1 fr. 50 c. — Pourcher, 1 fr. — Lesne, 20 c. — Rochut, 75 c. — Aubeauf, pharmacien, 1 fr. — Jobé, 4 fr. — Reboul, avoué, 3 fr. —Cadot-Theuriet, 1 fr. — Munier, commis-négociant, 2 fr. — Magnien, clerc, 2 fr. — Petiot-Groffier, 20 fr.—Langlois, 2 fr. — Mˡˡᵉ Damotte, 50 c. — Theuriet, avo-

cat, 3 fr. — Mᵐᵉ Beaugé, 1 fr. 35 c. — Voland, 50 c. —
Thierry, 30 c. — Vᵉ Chèze, 1 fr. — Poyer, 50 c. —Bourdon oncle, charcutier, 50 c. — Vᵉ Lombard, 30 c. —
Berthaud, ingénieur, 15 fr. — Pagnier, major, 5 fr. —
Lépine, directeur des postes, 1 fr. — Vᵉ Clarin, 1 fr. —
Ardin, 50 c. — Mascarine, tailleur, 2 fr. — Maucourt,
tailleur, 2 fr. — Chambosse-Coste, 2 fr. — Pillot, pro-
cureur du roi, 2 fr. — Dardelin, boulanger, 2 fr. — Co-
chin, 50 c. — Bayet-Dolivot, 1 fr. — Bellevaud, marchand, 1 fr. — Duclos, 1 fr. — Desgrange aîné, 2 fr. —
Barnola, 2 fr. — Desarbres, 40 fr. — Melle, avoué 2 fr.
75 c. — Berle-Blanvillain, 5 fr. — Cellier, 1 fr. 50 c. —
Alin-Moissenet, 50 c. — Delacroze, 2 fr. — Paccard,
sous-préfet, 20 fr. — Croset-Coleral, 3 fr. — Moissenet-
Meulien cadet, 3 fr. — Rochegrosse, 1 fr. — Jurdieu,
1 fr. — Rey, avoué, 3 fr. — Sujet, 1 fr. 75 c. — Chaf-
folte, notaire, 10 fr. — Savin, docteur-médecin, 1 fr.—
Tisseyre, docteur-médecin, 2 fr. — Taupin, 50 c. — Vᵉ
Bugniot, 20 c. — Molle, 1 fr. — Melle aîné, 2 fr. — Me-
nand-Melle, 5 f. — Pasquet, 50 c. — Lagrange, tour-
neur, 50 c. — Meray, notaire, 2 fr. — Courreaut, coiffeur, 50 c. — Buffe Jules, 5 fr. — Gouaillière, 50 c. —
Joly, cafetier, 50 c. — Bugniot, chaudronier, 1 fr. —
Marcelin, 5 fr. — Couturier, professeur de dessin, 1 fr.
50 c. — Almelet, (2ᵉ versement), 20 fr. — Clarin, officier en demi-solde, 5 fr. — Mˡˡᵉ Dessagne, 2 fr. — Mˡˡᵉ
Mathieu, 2 fr. — Beaumé, directeur des messageries,
1 fr. 50 c. — Perrusson, avoué, 2 fr. — Daclin, 2 f. — Ma-
gnin, avoué, 2 fr. — Barbier, aubergiste, 50 c. — Sa-
muel, 1 fr. 50 c. — Porcelet fils, 2 fr. — Vᵉ Barrault,
25 c. — Fourneret Joseph, 50 c. — Myard, avocat, 10 f.
— Noirot, avocat, 1 fr. — Mᵐᵉ Vaché, 50 c. — Laurent,
concierge, 1 fr. 50 c. — Menand, avocat, 5 fr. — Vᵉ Bris-
son, 5 fr. — Suchet, pharmacien, 4 fr. — Villère, 50 c.

— Anonyme, 50 c. — Achard, 3 fr. — Bidreman, 5 fr.
—Paray, aubergiste, 3 fr. — Cluny, marchand, 1 fr. —
Dupuis-Salagnard, 1 fr. — Preux, 25 c.—Giraux-Serre,
2 fr. — Vincent, commissaire-priseur, 75 c. — Blanc
cadet, 50 c.— Blanc, 75 c. — Simonot, capitaine en retraite, 3 fr.—Anonyme, 60 c.—Narjoux, 2 fr.—Muy,
40 c. — Rogeat, commandant en retraite, 3 fr.—L'homme, courtier, 50 c. — Dervier, 1 fr. — Lavrand, 3 fr.
— Bertrand, boulanger, 50 c.—Henry, marchand, 50 c.
— Bordonnet fils, 1 fr.— Bordonnet père, 2 fr. — Taupin fils cadet, 1 fr. — Mlle Junier, 2 fr. 05 c. — Monin
père, 65 c. — Rabey, receveur à l'octroi, 50 c. — Souscription ouverte au cercle de la Liberté, 72 f. — V[e] Ca-
ron, 50 c. — Mme Perret, 2 fr. — Gillis fils, 50 c.—Porcelet père, 75 c.—Vanove, 1 fr.—Clément-Forget, 2 fr.
—Coin, 50 c. — Capome, 1 fr. — Gauthier, cafetier,
50 c. — Gallis, marchand, 25 c. — Bonneau, receveur à
l'octroi, 50 c. — Le collége, 90 fr. — Guillet, de Saint-
Laurent, 5 fr. — Onésime Thevenin, 11 fr. — Mottin,
5 fr.—Gauthier, employé de la régie, 50 c.—Bouillier,
5 fr.

Saint-Jean-des-Vignes.

MM. Beaumé, 1 fr. — Drain, 50 c.—Vérissel, 50 c.—
Martinet, 50 c.—Jusseau, 20 c.—Anonyme, 10 c.—Viol-
lot, 20 c. — Musy, 1 fr.—Moine, 30 c.—Terret, 10 c.—
Bonneau, 1 fr.—Boize, 30 c. — Moine, 25 c. — Piquot,
35 c. — Clément, 10 c. — Baron, 1 fr. 50 c.

Total. . . . . 1,062 fr.

Je soussigné, trésorier du Comité Polonais de Chalon-
sur-Saône, reconnais avoir reçu de Mlles Junier et Douheret la somme de mille soixante-deux francs (y com-
pris 90 fr. provenant du collége), montant d'une col-

lecte faite par elles dans la ville de Chalon en faveur des Polonais.

Cette somme sera adressée aux réfugiés qui se trouvent à Avignon.

Chalon-S.S., le vingt-quatre mars 1832.

Signé, MATHEY.

15ᵐᵉ liste, publiée le 4 avril.

Un ami des Polonais, 10 fr. —Béziat père, 3 fr. — Jalés Coste, 25 fr. — Mermet, directeur des contributions indirectes, 10 fr. — Bernard fils, de Navilly, 1 fr. — Charbonnier, id., 1 fr. — Robelot, id., 1 fr. — Baron Leclerc-d'Hostein, receveur particulier, 13 fr.—Millon cadet, capitaine d'artillerie, 6 fr. — Bon cadet, épicier, 5 fr.

Total. . . . .   75 fr. 00 c.

Le *Patriote* du même jour contient la note suivante :

« La nouvelle souscription ouverte par le comité polonais de Chalon, et destinée à pourvoir aux besoins mensuels des Polonais pensionnaires dans les arrondissements, continue à se couvrir de signatures. On souscrit chez M. Mathey, trésorier du comité. Nous publierons incessamment une première liste.

XX.

Nouveau passage de Polonais à Chalon-S.S.

—

Le 3 avril 1832, une colonne de Polonais venant de Seurre, arrive par la Saône dans notre ville. Comme ils devaient passer devant Verdun, force a été que le convoi débarquât dans cette patriotique cité, dont la sympathie pour nos héroïques frères, égale l'amour de la liberté. Les Verdunois ne pouvaient les laisser partir, aussi ne sont-ils arrivés à Chalon que vers les 10 heures du soir. Dès qu'on eut connaissance de leur débarquement, on s'empressa d'aller les recevoir. Le comité, la garde nationale et de nombreux citoyens les avaient attendus sur le rivage une partie de l'après-midi et de la soirée.

Voici, au reste, ce qu'on écrivait au *Patriote*, sur la réception des Polonais, à Verdun ; cette page appartient de droit à notre compilation :

« Notre petite ville, qui se distingue par l'unanimité de son patriotisme et de son amour de la liberté, n'avait pu jusqu'ici manifester toute sa sympathie pour la cause du courage malheureux. Malgré nos vifs désirs et nos supplications, nous n'avions pu obtenir encore que les braves Français du Nord vinssent au sein de nos familles recevoir le tribut affectueux de notre admiration. Enfin, nos vœux viennent d'être comblés : un détachement, parti de Seurre, s'est arrêté parmi nous, et au milieu de cette cordialité franche, de ces épanchements communs aux patriotes de tous les pays, les nobles victimes ont dû se convaincre de l'intérêt qu'elles nous inspirent ; mais, comment bien décrire cette scène vraiment touchante du malheur recueilli par l'amitié, et dont Verdun conservera long-temps le souvenir ?

La garde nationale, ayant à sa tête les autorités revêtues de leurs insignes, est allée recevoir ces héros. A leur débarquement, M. Jeandet, maire, leur a adressé l'allocution suivante :

« Polonais,

« Si nous jouissons du bonheur de vous posséder un instant parmi nous, lorsque notre position géographique y mettait obstacle, nous le devons à nos concitoyens les habitants de Seurre, mais surtout au Comité Polonais de cette ville, qui connaissait les désirs de la population verdunoise, dont je suis dans cette occasion l'interprète.

« Il y a long-temps qu'il nous tardait d'inscrire notre nom dans le pacte solennel que tous les hommes libres ont formé pour notre régénération, depuis que la lutte que vous avez entreprise contre la tyrannie, devenue inégale par la trahison, vous a fait préférer l'exil à la servitude.

« Je parle d'exil, braves amis, mais tout ce que ce mot encore aujourd'hui rappelle d'amertume à vos souvenirs, ne pourra-t-il pas s'affaiblir bientôt dans la nouvelle patrie que vous avez choisie, et dont vous êtes les enfants d'adoption, au milieu des anciens amis que vous y avez laissés ?

« Ah ! quand nos cœurs volent au-devant de vous, que de toute part on vous appelle, qu'on envie votre présence ailleurs, que vous êtes l'objet de tous les vœux et de tous les hommages ; quand vous marchez en triomphe dans nos fêtes populaires, improvisées pour vous, au milieu des acclamations et des chants que vous inspirez, vous devez moins ressentir la grandeur de vos pertes. Vous vous en consolerez, comme nous des nôtres, en comptant sur l'avenir, toujours fécond en évènemens rapides et imprévus, car l'impénétrable nuage qui dérobe aussi à nos yeux l'éclat du soleil de juillet est peut-être au moment dé se dissiper pour laisser briller ensuite, et sur nous et sur toutes les nations qui en sont dignes, de longs jours de liberté.

« Vivent les Polonais ! »

Après ces paroles bienveillantes qui furent couvertes d'applaudissements unanimes, chacun s'empressa d'accueillir les illustres proscrits, et ces moments qu'ils nous accordaient ne furent qu'une fête générale où brilla constamment la joie la plus franche et la plus vive. Au moment de leur départ, toute la population les accompagna jusqu'au port de Chauvort, où les attendait un bateau pavoisé des couleurs nationales et polonaises. Là, M. Colombard, chef de bataillon rural, leur adressa le discours suivant :

« Polonais,

« Commandant des gardes nationales de plusieurs communes environnantes, je viens en leur nom vous prier d'agréer l'expression de leur vive admiration pour la conduite héroïque de leurs malheureux frères de Pologne, dans la défense de leur indépendance.

« Illustres victimes de la tyrannie la plus atroce, hommes généreux, qui avez préféré les douleurs de l'exil à la honte de l'esclavage, daignez accepter l'hommage de notre vénération profonde.

« Braves Polonais, vous devez aujourd'hui en être convaincus par l'accueil que vous recevez partout sur votre passage ; depuis que vous avez touché le sol de la France, la nation a versé des larmes amères sur vos infortunes, il n'est pas un cœur vraiment français qui n'ait frémi d'indignation à la nouvelle de vos désastres. La cause sacrée que vous avez si glorieusement défendue était la nôtre ; et c'est ensemble, c'est avec nos anciens frères d'armes, avec nos compagnons de gloire, que nous eussions dû vaincre ou mourir, si nos bras impatients n'eussent été enchaînés par la politique machiavélique d'un ministère pusillanime et lâchement vendu à la Sainte-Alliance. Que l'infâmie de cet acte liberticide, de ce crime de lèse-nation, retombe tout entier sur ses auteurs ! Quant à nous, nous sommes heureux de pouvoir, en votre présence, en répudier la complicité.

« Mais consolez-vous, illustres proscrits, tout n'est pas encore perdu pour vous ; vous foulez aujourd'hui une terre hospitalière. Venez parmi des frères et des amis, venez au milieu de nous, oublier un instant vos malheurs, ou plutôt nous en parlerons ensemble, nous parlerons de patrie, de liberté, de nos vœux ardents pour notre régénération prochaine, et vos cœurs serrés s'épanouiront à la douce espérance d'un avenir plus prospère. Venez donc vous asseoir quelques instants dans nos foyers, venez mêler vos hymnes patriotiques aux nôtres. Nous invoquerons la liberté que vous avez si vaillamment défendue. Dans ces épanchements de la plus franche et de la plus douce confraternité, nous resserrerons encore, s'il est possible, les liens de sympathie et de gloire, qui unissent et uniront toujours, deux nations dignes de s'aimer et de s'estimer. *Vive la Pologne! Vive la France! Vive la liberté!* »

Les bravos répétés de tous les assistants ont témoigné de la sympathie que produisaient les paroles de M. Colombard.

Nos hôtes se sont alors embarqués aux cris de vive la Pologne! vive la liberté! honneur au courage malheureux! Ces acclamations se prolongeaient encore lorsque nos yeux n'apercevaient plus la barque couverte d'héroïques débris.

Le soir, à l'éclat d'une illumination spontanée, on a inauguré un drapeau tricolore sur l'arbre de la liberté.

XXI.

Suite de la souscription polonaise.

—

16ᵐᵉ liste, publiée le 11 avril.

Commune de Pourlans. . . . . . . 43 fr 40 c.

Le même jour, on lisait dans le *Patriote*:

« La plupart des Polonais qui ont été accueillis à leur passage à Chalon, écrivent aux personnes qui leur ont donné l'hospitalité. On a bien voulu nous communiquer cette intéressante correspondance, qui est trop volumineuse pour pouvoir trouver place dans nos colonnes, ainsi que les lettres de plusieurs patriotes d'Avignon qui réclament de nouveaux secours pour leurs malheureux hôtes ; ils manquent de vêtements, de linge et de chaussure !...

XXII.

Souscription mensuelle en faveur des Polonais.

—

17ᵉ liste, publiée le 18 avril.

MM. Thiard, député, 20 fr. --- Menand, avocat, 5 fr. --- Mathey, notaire, 4 fr. ---Clarin-Moissenet, ex-officier de cavalerie, 1 fr. --- Terrat, pharmacien, 1 fr. -- Almelet, négociant, 5 fr. -- Simonot, capitaine retraité, 1 fr. -- Chevreau, avocat, 3 fr. --- Grassot, ex-notaire , 4 fr. --- Pugeault, avoué, 4 fr. --- Mᵗᵗᵉ Vollon , 1 fr. --- Bouillod, négociant, 10 fr. --- Junier, commis-négociant, 1 fr. --- Pierson, capitaine retraité, 1 fr. --Chaffolte, notaire , 3 fr.

Total. . . . . 64 fr.

Un citoyen qui porte le plus vif intérêt au sort des exilés Polonais, désirant s'associer à la sympathie de la ville de Chalon , prépare, conjointement avec le Comité Polonais, un mode de souscription mensuelle, et pour un an seulement. Ce mode mettra toutes les classes de la population à même de concourir au soulagement de nos frères du nord. Comme le succès de cette souscription est infaillible, il sera glorieux pour la ville de Chalon d'avoir donné la première un exemple qui ne manquera pas d'être suivi par toutes les autres communes de France.

18ᵐᵉ liste, publiée le 26 mai.

Produit d'une quête faite dans la commune de St-Vallier, au profit des Polonais, par M. Dauphin, capitaine de la garde nationale, 50 fr. 40 c.

XXIII.

LE COMITÉ POLONAIS D'AVIGNON,

à Messieurs les Membres du Comité polonais de Chalon-S.S.

—

Avignon, 4 juin 1832.

Messieurs,

« Le Comité d'Avignon a reçu avec une vive reconnaissance, par l'intermédiaire de M. le docteur Pinson, l'offrande des patriotes chalonnais aux réfugiés Polonais formant le dépôt de cette ville. Vivant au milieu de populations parmi lesquelles notre opinion ne fait qu'exception, nous devons être d'autant plus sensibles aux témoignages de confraternité et de confiance des patriotes des départements où règne le véritable esprit national : sous ce rapport, Messsieurs, des relations avec vous nous sont bien précieuses, et nous vous prions de recevoir, avec nos remerciments et ceux des Polonais, l'assurance que tous nos soins seront apportés au meilleur emploi des fonds que vous avez bien voulu nous charger de répartir entre les plus malheureux de nos hôtes héroïques. Nous ne manquerons pas de vous adresser un certain nombre d'exemplaires de notre compte-rendu, ou *état de situation*. Nous osons nous flatter que les amis des Polonais ne seront pas mécontents de notre gestion, et nous osons espérer que cette satisfaction se manifestera par de nouveaux secours, lorsque les fonds du Comité seront prêts d'être épuisés.

Vous recevrez prochainement le N° de l'*Écho de Vaucluse* (seul journal de cette ville), où il sera fait mention de votre envoi de 1,162 fr. C'est le retard de cette insertion qui m'a fait différer de vous écrire.

Ayez la bonté d'excuser ce retard et veuillez agréer l'assurance de la haute considération

De votre tout dévoué,

AUGUSTE PICARD,
Président du Comité Polonais d'Avignon.

XXIV.

*Dernière liste de la souscription polonaise,
publiée le 22 août.*

M. Paccard-Jailloux, à Chalon-s.s., 5 fr. — Commune d'Ouroux (4ᵐᵉ versement), 25 fr. 25 c. — Hameau de Velard, 6 fr. --- Hameau de Colombey, 12 fr. 50 c.

Total. . . . . 48 fr. 75 c.

Souscription de JULIEN DUCHESSE, R' du *Patriote de Saône-et-Loire* :

Montant de toutes les impressions pour la cause Polonaise.

Cette liste est suivie dans le *Patriote*, des listes de souscription de la ville d'Autun également sympathique aux malheurs des Polonais.

XXV.

ANNIVERSAIRE DU 29 JUILLET 1832.
Dernière collecte pour les Polonais.

—

Le dimanche 29 juillet 1832, la garde nationale, accompagnée d'un bataillon de ligne, se rend dans la prairie de Sainte-Marie. Une foule immense se pressait dans cette vaste plaine ; mais un air morne, empreint sur tous les visages, trahissait la tristesse publique. Les autorités administratives et M. Petiot-Groffier, maire nouvellement élu, circulèrent dans les rangs et passèrent la revue au milieu d'un profond silence : *Pas un seul cri ne fut proféré...* On eut vraiment dit que cette cérémonie glaciale était un convoi funèbre.

Cette revue terminée, les gardes nationaux se rendirent sur la *place de la Liberté* où un banquet de plus de 500 couverts avait été improvisé. Avant de se mettre à table, on procéda à la plantation d'un nouvel *Arbre de la liberté,* au milieu de la place. Ce fut, sans contredit, le plus beau moment de la journée.

Après cette opération, faite au bruit des fanfares de la musique et aux acclamations universelles, M. Menand, commandant de la garde nationale, prononça d'une voix éclatante le discours suivant, fréquemment interrompu par les applaudissements des auditeurs.

« CITOYENS,

« Il y a deux ans, à pareil jour, venait de s'accomplir la révolution la plus étonnante qui ait figuré dans les annales des peuples.

« La France avait fait voler en éclat un trône qui refusait de s'appuyer sur elle, et pour la troisième fois, ses Stuarts allaient regagner la terre d'exil qu'ils ne devaient plus quitter.

« Nous nous rappelons encore avec émotion cette époque fortunée, où reparurent, plus brillantes que jamais, ces nobles couleurs qui, pendant vingt-cinq ans, ombragèrent la liberté et la gloire.

« Nous les saluâmes avec transport, elles annonçaient que la France régénérée, avait repris son rang de *grande nation,* et qu'elle était redevenue ce qu'elle n'aurait jamais dû cesser d'être, l'arbitre souverain des destinées de l'Europe, la protectrice des peuples contre la tyrannie.

« Mais, hélas ! il est déjà relégué bien loin dans le passé cet héroïque épisode de notre histoire ; lui qui toujours devait être entouré d'une auréole de gloire sans cesse renaissante, il n'a enfanté que la honte et l'infamie. *Nous n'arrêterons pas nos regards sur ces peuples généreux que nous avons laissés égorger par leurs barbares oppresseurs ; des plaies encore saignantes se rouvriraient. Infortunée Pologne ! pourrons-nous prononcer ton nom sans verser des larmes de regret !...*

« Notre liberté, au moins, a-t-elle été respectée des hommes qui ont si lâchement foulé aux pieds l'honneur national ! Non. La Charte qui devait être une *vérité,* n'a été que déception et mensonge. La France a paru à d'indignes conseillers de la couronne, plus à craindre que la *Sainte-Alliance armée et menaçante.*

« Mais, gardons-nous de désespérer de la patrie ! Elle a dans son sein assez de citoyens ma-

gnanimés qui sauront, au jour du danger, repousser l'oppression des rois, et briser à jamais
les fers des peuples.

« Profitons de ce mémorable anniversaire
pour renouveler le serment d'être fidèles à la
sainte cause de 89, à cette cause pour laquelle
nos pères firent des prodiges, à cette cause qui,
quarante ans plus tard, cimentée du sang de
leurs enfants, ne saurait périr, parcequ'elle a
pour elle la justice, nos bras et la sympathie
des peuples.

Resserrons, à l'ombre de cet arbre, glorieux
symbole de l'indépendance, les liens qui doivent
unir des Français, des frères, qui ont tous dans le
cœur et à la bouche le même vœu, le même cri :

« *Vive la France ! Vive la Liberté !* »

« Ces cris, mille fois répétés, dit le *Patriote
de Saône-et-Loire*, furent les seuls que l'on entendit dans la journée. Les citoyens prirent
place au banquet qui présenta le plus beau
coup d'œil. *Il fut terminé par une collecte au profit
des Polonais et des indigens.* Le soir, il y eut
spectacle gratis et illumination. Une foule immense se pressait au théâtre, à tel point qu'un

citoyen, perdant l'équilibre, tomba des premières au parterre ; mais le plus grand ordre ne cessa de régner partout. Les citoyens montrèrent dans cette journée, qu'ils savaient allier à l'amour de la tranquillité publique, leur antipathie contre le gouvernement anti-français qui compromet nos destinées. Grand a donc été le désappointement de ceux qui rêvaient une petite émeute, souriant à l'idée d'avoir une occasion de faire de la force ; et qui, peut-être, spéculaient sur la bonne fortune d'un prétexte de dissolution de la garde nationale. »

Une nouvelle cantate de M. P., avocat, avait été présentée à M. le maire Petiot-Groffier, pour être chantée sur le théâtre. Ce nouveau fonctionnaire, moins tolérant que M. Berthod, son prédécesseur, prohiba impitoyablement ce chant patriotique qui fut imprimé le lendemain et répandu à profusion dans la ville. Nous croyons devoir le reproduire ici, comme jalon historique de l'esprit du moment et parcequ'il renferme de bons sentiments en faveur de la cause de cette infortunée Pologne dont la plaie était toujours saignante dans les cœurs. A ce dernier titre, il appartient de droit à cette collection.

LA LIBERTÉ.

CANTATE. (1)

Air : **Liberté sainte, après trente ans d'absence,**

ou

T'en souviens-tu ?, disait un capitaine.

Anime nous de tes célestes flammes,
Fille des Dieux et de la vérité !
Empare-toi des forces de nos âmes ;
Descends sur nous auguste Liberté.
Avec amour vois ta France chérie,
Entends ses vœux et taris ses longs pleurs !
O Liberté ! Mère de la Patrie !
Descends du ciel, enflamme tous les cœurs !

Le peuple-roi, luttant contre l'orage,
Cherchait tes traits au milieu des éclairs ;

____

(1) M. le maire Petiot-Groffier, ayant empêché de
chanter cette cantate au spectacle *gratis* de l'anniversaire 1832 des Journées de Juillet, elle se distribuait
gratis à l'imprimerie du *Patriote de Saône-et-Loire*, à
Chalon-sur-Saône.

7*

Il souriait en voyant ton image,
Obscure encor, se montrer dans les airs ;
Il espérait une nouvelle vie,
Régénéré dans le sang des vainqueurs !...
O Liberté, Mère de la Patrie,
Descends du ciel, enflamme tous les cœurs !

Quoi ! plus de cris et de chants d'allégresse !
Où sont ces rois frémissants, éperdus,
Ces nations partageant notre ivresse ?
Jours de grandeur !... qu'êtes-vous devenus ?
De la Vistule aux champs de l'Italie,
Les fers brisés frappaient les oppresseurs !...
O Liberté, Mère de la Patrie !
Descends du ciel, enflamme tous les cœurs !

Mais quel spectacle à nos yeux se déploie !
Frères, mourez !... ne comptez pas sur nous :
Le despotisme a ressaisi sa proie !
Peuples tremblez... les rois ont peur de vous !
Avec votre or ils soldent l'anarchie,
Et votre sang abreuve leurs fureurs !
O Liberté ! Mère de la Patrie !
Descends du ciel, enflamme tous les cœurs !

Il est donc vrai qu'un pouvoir éphémère
Courbe son front sous la loi des tyrans !
Nain monstrueux, il déchire sa mère
Qui le pressait dans ses bras caressants :
Et ce soleil qui brûla l'infamie,
Il luit encor !... Juillet voit ces horreurs !
O Liberté ! Mère de la Patrie !
Descends du ciel, enflamme tous les cœurs !

Viens, Liberté, viens délivrer la France !
Que tout palpite aux accents de ta voix ;
Frappe du pied cette Sainte-Alliance,
Bazar du monde où l'on nous rend aux rois.
Peuples, debout !... que sa voix vous rallie !
Marchez, marchons, levons nos bras vengeurs !
O Liberté ! Mère de la Patrie !
Descends du ciel, enflamme tous les cœurs !

Se douterait-on que cette fête toute civique
excita à un haut degré la fureur du juste-
milieu chalonnais, à un tel point que son nouvel organe, le *Drapeau tricolore*, journal fondé
pour lutter contre les idées du progrès et de la
liberté dans notre ville, osa qualifier du nom
d'*esclaves*, le grand nombre de citoyens qui s'é-

taient fait un plaisir d'assister à cette fraternelle réunion !... Il faut relire cette feuille dé-
funte pour le croire !... A quelle distance cer-
taines gens se trouvaient déjà de notre glorieuse
révolution !...

Au reste, les commissaires du banquet répon-
dirent avec énergie à cette grossière insulte :
« Sachez, monsieur, écrivaient-ils au rédac-
teur de ce journal, *qu'il n'y a d'esclaves que ceux
qui se font les plats valets du pouvoir, au lieu de
protester contre ses envahissements ou ses décep-
tions !*

Quelques jours encore et notre patriotique
cité sera mise en état de siége et la garde nationale sera dissoute !.... Nous en avons vu bien
d'autres depuis ce temps-là.

XXVI.

Honneur aux Souscripteurs !

—

Si l'on réfléchit à la continuité de ces souscriptions à l'époque où elles ont eu lieu, — au
milieu des inquiétudes mortelles du choléra,—
en rivalité avec d'autres souscriptions pour les
indigens qui seraient atteints par le fléau dé-

vastateur et pour les familles des gardes nationaux mobilisés pour aller à Lyon ; — en face des événements arrivés à Paris les 5 et 6 juin, et de la consternation générale qu'ils causèrent ;— après la dissolution brutale de la municipalité chalonnaise, les agitations causées dans notre ville par la divergence des opinions et devant la scission violente des partis ;—on ne saurait trop admirer la noble persistance du sentiment sacré qui animait nos concitoyens. Honneur donc ! trois fois honneur à tous ceux qui prirent part à cette manifestation sublime de l'opinion publique ! Honneur même à ceux qui faillirent en route à l'œuvre sainte, qui doutèrent de la Providence, ou reculèrent devant l'intérêt ou la peur..... Il faut leur savoir gré d'avoir eu un bon sentiment, quelqu'éphémère qu'il ait été ; nous ne pouvons oublier que leur poitrine palpita sympathiquement avec la nôtre, et nous espérons qu'il leur sera beaucoup pardonné, parcequ'ils ont aimé au moins un instant.

XXVII.

La Varsovienne et dernier mot.

Nous ne pouvons mieux terminer ces réminiscences historiques que par le chant de Casimir Delavigne, qui retentissait alors dans toutes nos cités.

LA VARSOVIENNE.

Il est levé, voici le jour sanglant !
Qu'il soit pour nous le jour de délivrance !
Dans son essor voyez notre aigle blanc,
Les yeux fixés sur l'arc-en-ciel de France.
Au soleil de juillet, dont l'éclat fut si beau,
Il a repris son vol, il fend les airs, il crie :
Pour ma noble patrie,
Liberté, ton soleil, ou la nuit du tombeau !

Polonais ! à la baïonnette !

C'est le cri par nous adopté ;

Qu'en roulant le tambour répète :

A la baïonnette !

Vive la liberté !

« Guerre! à cheval, Cosaques des déserts!
« Sabrons, dit-il, la Pologne rebelle. [verts ;]
« Point de Balkans, ses champs nous sont ou—
« C'est au galop qu'il faut passer sur elle. »

Halte! n'avancez pas! les Balkans sont nos corps,
La terre où nous marchons ne porte que des braves,
        Rejette les esclaves,
Et de ses ennemis ne garde que les morts.
       Polonais, etc.

    Pour toi, Pologne, ils combattront, tes fils;
    Plus fortunés qu'au temps où la victoire
    Mêlait leur cendre aux sables de Memphis,
    Où le Kremlin s'écroula sous leur gloire.

Des Alpes au Thabor, de l'Ebre au Pont-Euxin,
Ils sont tombés, vingt ans sur la rive étrangère:
        Cette fois, ô ma mère!
Ceux qui mourront pour toi dormiront sur ton sein.
       Polonais, etc.

    Viens, Kociusko, que ton bras frappe au cœur
    Cet ennemi qui parle de clémence.
    En avait-il, quand son sabre vainqueur
    Noyait Praga dans un massacre immense!

Tout son sang va payer le sang qu'il prodigua :
Cette terre en a soif, qu'elle en soit abreuvée ;
　　　Faisons sous sa rosée,
Reverdir le laurier des martyrs de Praga.

　　　Polonais, etc.

Allons, guerriers, un généreux effort !
Nous les vaincrons ; nos femmes les défient.
O mon pays ! montre au géant du Nord
Le saint anneau qu'elles te sacrifient ;
Que par notre victoire il soit ensanglanté :
Marche et fais triompher, au milieu des batailles,
　　　L'anneau des fiançailles
Qui t'unit pour toujours avec la liberté,

　　　Polonais, etc.

A nous, Français, les balles d'Iéna
Sur ma poitrine ont inscrit mes services ;
A Marengo le fer la sillonna,
De Champaubert comptez les cicatrices.
Vaincre ou mourir ensemble autrefois fut si doux !
Nous étions sous Paris… Pour de vieux frères d'armes
　　　N'aurez-vous que des larmes ?
Frères, c'était du sang que nous versions pour vous.

　　　Polonais, etc.

O vous, du moins, dont le sang glorieux
S'est dans l'exil répandu comme l'onde,
Pour nous bénir, mânes victorieux,
Relevez-vous de tous les points du monde!
Qu'il soit vainqueur, ce peuple, ou martyr comme vous,
Sous le bras du géant qu'en mourant il retarde,
Qu'il tombe à l'avant-garde,
Pour couvrir de son corps la liberté de tous,
Polonais, etc.

Sonnez, clairons! Polonais, à ton rang!
Suis sous le feu ton aigle qui s'élance.
La liberté bat la charge en courant
Et la victoire est au bout de ta lance.
Victoire à l'étendard que l'exil ombragea
Des lauriers d'Austerlitz, des palmes d'Idumée!
Pologne bien aimée,
Qui vivra sera libre, et qui meurt l'est déjà!
Polonais, à la baïonnette!
C'est le cri par nous adopté;
Qu'en roulant, le tambour répète:
A la baïonnette!
Vive la liberté!

CASIMIR DELAVIGNE.

8*

Et pour dernier mot, nous répéterons ces paroles brûlantes, généreuses et prophétiques de l'honorable président du Comité Polonais, M. Chevraud :

« *Pourquoi faut-il qu'une politique indigne du* « *nom glorieux de Français ait enchaîné notre cou-* « *rage..... »*

« Espérons dans le réveil prochain des « peuples !

« La France acquittera la dette de tant « de sang versé pour elle. Unie aux nations « dignes de la liberté, elle reconstituera, « grande, libre, indépendante, cette héroï- « que Pologne que tant de hauts faits ont « rendue l'admiration du monde. »

Vive la Pologne ! Vivent les Polonais !

POST-SCRIPTUM.

Le montant total des souscriptions versées au trésorier s'élève à la somme de. . . . . . 3,734 fr. 60 c.

L'emploi de cette somme, d'après les pièces justificatives restées, à la disposition de tous les souscripteurs, entre les mains du trésorier, a été de 3,850 40

Il en résulte que la dépense a excédé la recette de 115 80

dont le trésorier du Comité est resté à découvert.

FIN